Un légume

ou

Le président devenu facteur

Du même auteur aux Éditions Grasset :

Gatsby le magnifique

FRANCIS SCOTT
FITZGERALD

Un légume

ou

Le président devenu facteur

traduit de l'anglais et préfacé par
CHARLES DANTZIG

Bernard Grasset
Paris

Titre original :

THE VEGETABLE

ISBN 978-2-246-74391-0
ISSN 0756-7170

Les affaires de Monsieur le Public

1923. Jerry Frost, jeune ambitieux qui a renoncé à son ambition et que sa femme méprise, décide de devenir président des États-Unis pour combattre ce mépris. Il le devient. En rêve, tout au moins : et le deuxième acte de la pièce de Scott Fitzgerald est une grosse bouffonnerie où Jerry, président incapable, est conseillé par deux imbéciles, le général Pushing, qu'on pourrait traduire par quelque chose comme « Pousse-au-Crime », et par un juge à la Cour suprême nommé Fossile. La comédie de Fitzgerald est un échec. Et même, pour reprendre une formule de l'auteur faisant un jeu de mots sur le nom de son personnage, « Frost », qui veut dire gelée, « une colossale dégelée ». Et, comme d'autres malheureuses rodées en province qui n'ont jamais été montées à New York, celle-ci reste, abandonnée et gémissant, au bord de l'Océan, à Atlantic City, rejointe quelques décennies plus tard par les rêves de jeu coulés à l'ouverture des casinos.

Un légume n'est pas un chef-d'œuvre, mais c'est de Fitzgerald. Et quelque chose qui n'est pas tout à fait réussi d'un écrivain qui a écrit au moins un chef-d'œuvre est plus intéressant que quelque chose qui n'est pas tout à fait réussi d'un écrivain qui n'a écrit que du pas tout à fait réussi. On y retrouve les obsessions des chefs-d'œuvre exprimées autrement. On y trouve une tentative. C'est dans la tentative que réside l'échec et la supériorité. Fitzgerald a plus ou moins réussi sa pièce, mais il a osé essayer une autre forme que celle qui avait fait son succès, le roman. C'est peut-être d'ailleurs parce qu'on a eu un succès qu'on essaie autre chose. C'est l'échec qui s'entête dans une même forme. Et il finit parfois par réussir. Le succès, l'échec, ça n'existe pas. Il n'y a que des livres.

Si *Un légume* n'a pas marché, c'est peut-être parce qu'on n'y a pas reconnu la délicatesse des deux premiers romans de Fitzgerald, en particulier la délicatesse tragique de *L'Envers du paradis*. Ce qu'on n'avait alors pas vu dans ces livres étaient leurs éléments humoristiques. Fitzgerald a choisi de mettre cela au premier plan, se croyant fait pour un autre humour que le sien, le génie comique, comme Stendhal qui a longtemps rêvé d'écrire une pièce à la Molière. Quand il s'essaie à des passages à la Molière, Stendhal est au bord de la platitude, et la bouffonnerie n'était pas ce que Fitzgerald réussissait le mieux.

Causes raffinées que le public n'a sûrement pas analysées. Il a dû se contenter de la raison la plus apparente, et qui est d'ailleurs moins fausse qu'incomplète : *Un légume* est une satire des trois institutions les plus vénérées aux États-Unis, la présidence de la République, la Cour suprême et l'Armée. En ajoutant l'ambition, peut-être. Malgré sa bouffonnerie, elle est réaliste. Elle a été écrite sous la présidence de Warren Harding, mort de maladie trois mois avant la première représentation. Et le grand public ignorait ce que

Fitzgerald savait en l'écrivant, comme tous les gens « au courant », à savoir que la présidence Harding avait été un scandale. Harding était un pompeux qui faisait des discours à côté desquels les trois heures hebdomadaires de Hugo Chavez dans *Aló Presidente* sont des modèles de brièveté et de grâce. La corruption de son gouvernement était proportionnelle à sa pompe : le ministre de la Justice était vendu à une compagnie pétrolière, le directeur du FBI et le ministre du Trésor détournaient les fonds publics. Pour mieux les contrôler, Harding passait son temps à jouer au poker à la Maison Blanche, où il logeait sa maîtresse. Mme Harding y faisait venir des voyantes. « Je vois quelqu'un dans la chambre de votre mari... » À la mort de Harding, on a murmuré qu'elle l'avait empoisonné, ce qui est probablement faux. Les malversations de la présidence n'ont commencé à être divulguées que l'année suivant la pièce de Fitzgerald, et le ministre de l'Intérieur a été condamné en 1929 seulement. On ne savait pas ; ou on ne voulait pas savoir. J'ai assez tendance à penser que ce que le grand public ne sait pas, il ne veut pas le savoir. Les peuples ferment les yeux sur les grandes affaires des élites afin de pouvoir continuer à faire leurs petites affaires. La candeur est peut-être l'autre face de la ruse. Sans compter que notre besoin de respecter le pouvoir est inextinguible. *Un légume* a fait penser de Fitzgerald : « De quoi se mêle-t-il ? » Il était encore dans une période de grâce, et on n'est pas allé plus loin dans la critique que ce glacial insuccès.

On n'a plus jamais parlé d'*Un légume*, dont il reste toutes les bonnes qualités. Un personnage très Fitzgerald, l'ambitieux veule. Plus un personnage très américain, très américaine, devrais-je dire, la fiancée, typique de l'effrayante agressivité que peuvent avoir certaines femmes américaines. Plus Fitzgerald que tout, une mélodie de la désillusion. Il était jeune, encore protégé par cette cuirasse qui ne se délite qu'avec l'âge et que Zelda n'avait qu'entrepris de détruire. Qu'écrit-il après *Un légume* ? *Gatsby le Magnifique*.

Charles Dantzig,
octobre 2009

NDE : Ceci est la première traduction intégrale de la pièce de Fitzgerald en français. Il en avait paru une adaptation en 1973.

A Katherine Tighe et Edmund Wilson, qui rayèrent
beaucoup de sottises dans mes deux premiers romans,
et à qui je recommande les sottises ci-après.

Qui ne désire pas se faire une place dans le monde et gagner un million de dollars, ou même avoir ses pantoufles à la Maison Blanche, a autant de chances d'arriver qu'un bon chien. Il est, ni plus ni moins, un légume.

Un magazine

PERSONNAGES

JÉRÉMIE FROST, le Légume en personne.
CHARLOTTE, sa femme, qui l'un dans l'autre ne lui veut pas de bien.
HORACE, dit PAPOUNET, son père, grand penseur, dont le bon vieux temps date de 1888.
DORIS, sœur de Charlotte, qui a appris la vie sur le grand écran.
M. SNOOKS, stupéfiant produit de notre Constitution.
JOSEPH POISSON, petit cheik de l'Idaho, aimé de Doris.
LE GÉNÉRAL PUSHING, dont vous entendrez parler plus tard.
LE JUGE FOSSILE, président de la Cour suprême des Etats-Unis ; inutile de le présenter.
M. JONES, hautement recommandé par le roi d'Angleterre.
M. STUTZ-MOZART, le vénérable roi du Jazz.

Un chauffeur, qui est également un héraut.
Un crieur de journaux, qui parlera de lui.
Un tambour et un fifre.
Un détective et, pour finir,
Quelques sénateurs.

Acte 1

Le salon de la maison de Jerry Frost. C'est le soir. La pièce (et, par conséquent, la maison) est petite, sent le renfermé : ouvrir ces fenêtres à l'ancienne, c'est embêtant au possible ; certaines sont coincées, sans compter qu'il serait extravagant de laisser entrer de l'air froid, en plein mois de mars. Je n'ai pas grand-chose à dire des meubles. Pour certains, c'est de la camelote achetée à tempérament, en simili-cuir, pour les autres, des vieilleries aussi déprimantes que défraîchies. Cette bibliothèque, là, contenait Ben Hur *lorsque c'était un succès de vente, à présent elle s'efforce de digérer* La Bibliothèque de la meilleure Littérature universelle *et* L'Esprit et l'Humour des Etats-Unis en six volumes. *Le canapé, il serait dangereux de s'y asseoir, à moins d'en posséder la carte des cratères, des collines et des mauvaises herbes que sont ses rapiéçages. Perchées sur les murs, trois horloges mortes, qu'on a scandaleusement laissées sans sépulture, les dévisagent, énucléées.*

Ces murs, mon Dieu ! L'histoire de la photographie américaine les recouvre. Photographies d'enfants à robes bouffantes et au déprimant genre mutin, qu'on a prises pendant les fauntleroyesques années quatre-

vingt-dix, de nourrissons édentés aux yeux stupides, de jeunes gens à coupe de cheveux 1885, puis 1890, puis 1902, et portant des cravates qui font des boucles, se tortillent, ont des accrocs ou flamboient selon Dieu sait quels ésotériques et surannés critères du dandysme classe moyenne. Et les jeunes filles ! Vous en ririez, des jeunes filles ! Pour la plupart, des imitations Gibson ; vous pouvez suivre leur histoire à la trace tout autour de la pièce, à mesure que chacune se fane et se flétrit. En voici une de l'époque regardez-moi-ces-petits-orteils-n'est-ce-pas-qu'ils-sont-adorables, et la revoici plus tard, en petite ennuyeuse de dix ans. Regardez ! Ceci est à quoi elle ressemblait quand elle était à la recherche d'un mari. Elle aurait pu être pire. Elle a un certain charme juvénile, ou quelque chose d'approchant, mais, sur le portrait suivant, vous pouvez constater ce que cinq années de travaux domestiques ont fait d'elle. Vous ne tourneriez pas votre regard d'un demi-degré pour la lorgner dans la rue. Et cette photographie a été prise il y a six ans. Aujourd'hui, elle a trente ans, et c'est déjà une vieille femme.*

Vous l'aviez deviné. Celle-ci, les quelques mots aimables et presque effacés du photographe nous le signalent, c'est Mme Jerry Frost. Si vous prêtez attention, vous pourrez elle aussi l'entendre, très bientôt.

Un instant. Bien malgré moi, il faut que je vous signale quelques sordides détails relatifs à cette pièce. Il doit y avoir une porte bien en vue qui ouvre sur l'extérieur, et deux autres, l'une sur la salle à manger, l'autre sur l'étage – on voit les premières marches de l'escalier. Ensuite, quelque part, il y a une fenêtre dont

---

* Des illustrations début du siècle de Charles Gibson, qui représentaient le plus souvent des jeunes filles. *(N.d.T.)*

on se servira au dernier acte. Je déteste faire mention de ces choses, mais elles font partie de l'intrigue.

Vous l'avez vu au lever du rideau, Jerry Frost, qui a laissé le phonographe en marche, est sorti pour aller à la cave ou ailleurs, et Mme Jerry Frost (vous pouvez l'appeler Charlotte) entend la musique du haut de l'escalier. Ecoutez !

Un jou-our, un petit béguin te prendra !

C'est elle. Elle n'a pas à proprement parler de voix, n'est-ce pas ? Et elle chante un ton au-dessus du phonographe. Et le voici, ce sacré phonographe, qui ralentit et lâche une affreuse dissonance en mineur, tel le dernier souffle d'un être humain.

CHARLOTTE

Elle est en haut de l'escalier, rappelez-vous.

Jerry, remonte le phonographe. *(Pas de réponse.)* Jer-ry ! *(Toujours pas de réponse.)* Jerry, remonte le phonographe. Il va s'abîmer. *(Et toujours pas de réponse.)* Parfait. *(D'un ton hautain.)* Si tu veux le casser, je m'en fiche.

Le phonographe grince, gémit, s'étouffe, meurt. Presque au moment où il fait son ultime et débile geste, un homme entre dans la pièce, qui dit : « Quoi ? » *Personne ne lui répond. C'est Jerry Frost, chez qui nous nous trouvons.*

Jerry Frost a trente-cinq ans. Il est employé aux chemins de fer à trois mille dollars par an. Quoique n'ayant pas de sourcils, il essaie tout le temps de les froncer. Il pince perpétuellement les lèvres, comme s'il était sur le point d'émettre un avis capital sur quelque sujet de grande importance.

On voit sur le mur une photographie de lui à l'âge de vingt-sept ans, juste avant son mariage. C'était l'époque de ses étincelantes boucles de cheveux. Cette époque est passée, transformée comme le restant de sa personne en un modèle de docilité dépourvu de grâce autant que d'humour.

Après son mystérieux « Quoi ? », qui est resté sans réponse, Jerry regarde fixement le tapis, ce qu'assurément il ne fait pas pour donner une quelconque approbation esthétique, et s'absorbe dans le vide de ses pensées. Soudain, il a un petit mouvement sec, et tente d'atteindre de la main quelque délicieuse partie de son dos. Il y arrive presque, mais pas tout à fait. Pauvre homme ! Il se dirige vers la cheminée, contre laquelle il se frotte doucement et agréablement le dos, tout en gardant les yeux sombrement fixés sur le tapis.

Il a fini. Il est de nouveau à son aise. Il se penche sur la table – ai-je dit qu'il y a une table ? – et tourne les pages d'un magazine en bâillant, et en tapotant timidement du pied. Ce qui le distrait de son magazine : apathique, il se met à regarder ses pieds. Tout d'un coup, il s'assied sur une chaise et commence à chanter, faux et sans y mettre beaucoup d'intérêt, un morceau qui est peut-être bien de sa composition. Si la mélodie varie considérablement, les paroles ont une incontestable logique, puisqu'elles se composent de l'unique vers : « Ils sont tous là, ils sont tous là ! »

Il est à lui tout seul un film sur l'ennui, un terrible et inconscient ennui.

Soudain, il pousse un cri rauque, assez semblable à un aboiement, puis lève rapidement la main comme pour s'adresser à un public. Cela ne réussit pas à l'amuser ; son bras hésite, redescend...

JERRY

Char-lotte ! Tu as le *Saturday Evening Post* ? *(Pas de réponse.)* Char-lotte ! *(Toujours pas de réponse.)* Charlotte !

CHARLOTTE

Ton de récrimination sirupeuse.

Puisque tu n'as pas cru bon de me répondre, je ne vois pas pourquoi je m'embêterais à le faire.

JERRY

Indigné et incrédule.

Te répondre quoi ?

CHARLOTTE

Tu m'as parfaitement comprise.

JERRY

Je te promets bien que non.

CHARLOTTE

Je t'ai demandé de remonter le phonographe.

JERRY

Regardant l'objet avec indignation.

Le phonographe ?

CHARLOTTE

Oui, le phonographe !

JERRY

C'est bien la première fois que j'en entends parler. *(Il est écœuré au plus haut point. Il entreprend plusieurs fois de parler, mais, chaque fois, hésite. L'écœurement s'installe sur son visage sous la forme d'un pesant voile. Enfin, il se rappelle sa question.)* Tu as le *Saturday Evening Post* ?

CHARLOTTE

Oui, je te l'ai déjà dit !

JERRY

Non, tu ne me l'as pas dit !

CHARLOTTE

Si tu es sourd, je n'y peux rien !

JERRY

Sourd ? Qui est sourd ? *(Un silence.)* Pas plus sourd que toi. *(Autre silence.)* Pas moitié aussi sourd.

CHARLOTTE

Parle moins fort. Tu vas réveiller tout le quartier.

JERRY
Incrédule.

Le quartier !

CHARLOTTE

Tu m'as très bien comprise !

Jerry est battu, et il le prend très mal. Il se met à ruminer, le téléphone sonne. Il répond.

JERRY

Allô !... *(Il reconnaît son interlocuteur, et parle avec un intérêt croissant.)* Ah, bonjour !... Avez-vous reçu la marchandise ?... Cinq litres, c'est tout ce qu'il me faut... Non, je n'ai pas l'utilité de plus de cinq... *(Pensif, il regarde autour de lui.)* Oui, je présume, mais j'aimerais mieux que vous le mélangiez avant de livrer... Disons neuf heures, alors. *(Il raccroche, plein d'allégresse, tout sourire. Puis, tracas soudain, et les chauves sourcils se rejoignent. Il prend un carnet dans sa poche, le pose devant lui, l'ouvre, décroche le téléphone.)* Midway 91-91... Oui... Allô, je suis bien chez Monsieur... Monsieur S,n,o,o,k ?... Allô, je suis bien chez Monsieur S,n,o,o,k ?... *(Très distinctement.)* Monsieur Snouuuks, ou Snouks... Monsieur Sn, le contr... le type qui procure de la marchandise, de la gnôle... G, n, o accent circonflexe, l, e... Non, je cherche un certain

Snouuuks, ou Snouks... Oh. Eh bien, quelqu'un en ville m'a donné le nom de votre mari, qui m'a appelé, ou plutôt je l'ai appelé et il vient de me rappeler à l'instant, vous voyez ?... Vous voyez ? Allô ? Je suis... Est-ce que je parle bien à la femme du... du... du type qui procure de la marchandise ? Le c,o,n,t,r,e,b,a,n,d,i,e,r ? Oui, enfin, le contrebandier. *(Ayant dit le mot, il respire profondément. Pensez-vous que le central pourrait le dénoncer ?)* Oh. Eh bien, je voulais lui dire que quand il viendra, ce soir, il faudrait qu'il prenne la porte de derrière... Non, je ne m'appelle pas Gnôle. Je m'appelle Frost. 2127, avenue Oscéola... Il est déjà parti ? Ah, très bien. Merci... Eh bien, au revoir... Au revoir... *(Il raccroche. Soucieux, il fronce à nouveau les sourcils.)* Char-lotte !

CHARLOTTE
Lointaine.

Oui ?

JERRY

Charlotte, si tu veux une bonne histoire, lis celle du type qui a fait naufrage aux îles de la Buse où il a rencontré une Chinoise, à ceci près qu'elle n'était pas du tout chinoise.

CHARLOTTE

Rappelez-vous qu'elle est toujours en haut de l'escalier.

Quoi ?

JERRY

Il y a une bonne histoire dans... Tu lis le *Saturday Evening Post* ?

CHARLOTTE

Si tu ne m'interrompais pas sans arrêt, je pourrais le faire.

JERRY

Je ne t'interromps pas. Je voulais juste te dire qu'il y a une histoire sur une Chinoise qui a fait naufrage sur les îles de la Buse et qui n'était pas du tout chinoise et...

CHARLOTTE

Arrête un peu, pour l'amour du ciel ! Arrête de me harceler. *(Dring ! C'est la sonnette de la porte d'entrée.)* C'est la sonnette.

JERRY
Finement sarcastique.

Ah bon ? Je croyais que c'était une cloche de vache.

CHARLOTTE
Méprisante.

Ah, ah !

En tout cas, il est allé à la porte. Il l'ouvre, marmonne quelque chose, la referme. Il revient.

JERRY

Personne.

CHARLOTTE

Ça m'étonnerait.

JERRY

Comment ?

CHARLOTTE

Ça n'a pas pu sonner tout seul.

JERRY
Écœuré.

Dire que tu te trouves drôle. *(Un silence.)* C'était un type qui cherchait le 2145. Je lui ai dit qu'ici c'était le 2127, et il est parti.

On entend Charlotte descendre les marches à la volée, et la voici ! Elle a trente ans et, comme je vous l'ai dit, l'air plus vieux que son âge. Informe, les joues flasques, mais toujours provocante. Elle prendrait très mal qu'on lui dise que ses charmes ont diminué de quatre-vingt-dix pour cent depuis son mariage, et dans un même souffle assurerait que quelqu'un en porte la responsabilité, et que ce quelqu'un, c'est son mari. Un gémissement morose lui tient lieu d'élocution, et, avec une espèce d'égotisme démodé, elle considère qu'elle a presque toujours raison. Franchement, et même si elle ne peut s'empêcher d'être ce qu'elle est, je ne l'aime pas.

CHARLOTTE

Je croyais que tu devais aller à l'Auditorium pour la convention du parti républicain.

JERRY

J'y vais. *(Mais il se rappelle le c,o,n,t,r,e...)* Non. Je ne peux pas.

CHARLOTTE

Alors, pour l'amour du ciel, ne reste pas toute la soirée assis, à me harceler. Je suis assez nerveuse comme ça.

Ils s'asseyent. Elle s'équipe d'une trousse à couture, d'où elle sort une chemise de nuit d'homme qu'elle commence, de toute évidence, à déchirer. Pendant ce temps Jerry, qui a pris un magazine, la regarde du coin de l'œil. Au premier morceau déchiré, il essaie de parler, recommence au deuxième, mais se retient chaque fois, avec de visibles efforts.

JERRY

Pourquoi la déchires-tu ?

CHARLOTTE
Sarcastique.

Juste pour m amuser.

JERRY

Pourquoi ne déchires-tu pas une des tiennes ?

CHARLOTTE
Exaspérée.

Je sais ce que je fais. Pour l'amour du ciel, ne me har-cè-le pas !

JERRY
Faiblement.

Je posais juste une question. *(Long silence.)* Tu sais, je me suis fait analyser, aujourd'hui.

CHARLOTTE

Qu'est-ce que c'est que ça ?

JERRY

Je me suis fait analyser par un expert en analyse. Tout le monde se fait analyser, aux chemins de fer. *(Assez solennel.)* Ils ont fait un graphique sur moi qui est long comme ça. *(Il forme un demi-mètre avec les mains.)* Dis... *(Il se lève brusquement et se place tout près d'elle.)* Couleur de mes yeux ?

CHARLOTTE

Qu'est-ce que j'en sais ? Une espèce de marron, je pense.

JERRY

Marron ? C'est ce que je leur ai dit. Mais ils m'ont découragé avec le noir.

CHARLOTTE

Qu'est-ce que c'est que cette histoire ? Ils t'ont payé quelque chose ?

JERRY

Payé ? Bien sûr que non. C'était dans mon intérêt. Cela me fera beaucoup de bien. Je me suis fait *analyser*, tu ne comprends pas ? Ils ont découvert un tas de choses sur moi.

CHARLOTTE
Arrêtant son ouvrage, horrifiée.

Tu crois que tu vas perdre ton boulot ?

JERRY
Écœuré.

Tu t'y connais, toi, en méthodes d'affaires. N'as-tu jamais lu les mots « efficacité » ou « gestion hebdomadaire » ? C'est une espèce d'examen.

CHARLOTTE

Je sais, je sais. C'est quand ils mesurent les bosses du crâne.

JERRY

Pas du tout. Ils te posent des questions, tu vois ?

CHARLOTTE

Il n'y a pas de quoi se mettre en colère, enfin. *(Il ne s'était pas mis en colère.)* J'espère que tu as eu le cran de leur dire que tu mérites une meilleure situation.

JERRY

Ils ne m'ont pas posé de questions de cet ordre-là. C'était en haut, dans les bureaux de la direction. Pour commencer, l'analyste en personnalité m'a regardé d'une façon un peu sévère et m'a dit : « Asseyez-vous ! »

CHARLOTTE

Tu t'es assis ?

JERRY

Eh tiens. Le truc consiste à faire ce qu'ils te demandent. Ensuite, l'analyste m'a demandé mon nom, et si j'étais marié.

CHARLOTTE
Soupçonneuse.

Que lui as-tu répondu, à cette bonne femme ?

JERRY

Oh, c'était un homme. Je lui ai dit que oui, ça va de soi. Pour qui me prends-tu ?

CHARLOTTE

A-t-il demandé autre chose à mon sujet ?

JERRY

Non. Il m'a demandé quelle était mon ambition, je lui ai dit que je n'en avais plus aucune, après quoi j'ai demandé : « Vous voulez peut-être dire quand j'étais enfant ? » Alors il a dit : « D'accord. Que vouliez-vous devenir ? » J'ai dit : « Facteur », et puis il a demandé : « Quelle sorte de travail voudriez-vous avoir, à présent ? », et j'ai dit : « Ma foi, qu'avez-vous à me proposer ? »

CHARLOTTE

Il t'en a proposé un ?

JERRY

Non. Il plaisantait, je suppose. Bon. Après, il m'a demandé si j'avais suivi des cours par correspondance en vue de monter en grade, et j'ai dit : « Bien sûr. » Alors il a dit : « De quelle sorte ? » Ne trouvant rien sur-le-champ, j'ai dit que j'avais pris des cours de musique. Il a répondu que non, pas ça, qu'il pensait à des choses sur les chemins de fer, et j'ai dit qu'on me faisait travailler tellement dur que, quand je rentrais à la maison, je ne voulais surtout plus qu'on m'en parle.

CHARLOTTE

C'est tout ?

JERRY

Il y a eu quelques autres questions. Il m'a demandé si j'avais été en prison.

CHARLOTTE

Que lui as-tu répondu ?

JERRY

Que non, bien entendu.

CHARLOTTE

Il ne t'aura pas cru.

JERRY

Il m'a demandé deux ou trois autres choses, et puis il m'a laissé partir. Je pense que je m'en suis bien tiré. En tout cas, il n'a pas mis de mauvaise note sur mon dossier. Juste un grand nombre de cercles.

CHARLOTTE

Ah, *tu t'en es bien tiré.* C'est tout ce qui t'importe : *tu t'en es tiré.* Un rien te contente. Pourquoi ne lui as-tu pas dit en face : « Vous savez, je ne vois pas pourquoi je ne serais pas augmenté ? » Voilà ce que tu aurais dû lui dire. A la fin, il t'aurait respecté davantage.

JERRY
Sombre.

J'ai eu des ambitions, jadis.

CHARLOTTE

Ambition de quoi ? De devenir facteur. Jolie ambition, pour un type de vingt-deux ans. Et si je n'avais pas été là, tu l'aurais fait. La seule autre ambition que tu aies eue, c'est de m'épouser. Et elle n'a pas duré longtemps.

JERRY

Je sais. Mais quand même un mois de trop. *(Ils s'observent. Ne regardons pas.)* Ne t'inquiète pas, j'ai eu d'autres ambitions, depuis.

CHARLOTTE
Dédaigneuse.

Pardon ?

JERRY

Oh, ça va.

CHARLOTTE

Lesquelles ? J'aimerais savoir. De gagner cinq dollars aux dés au bistrot du coin ?

JERRY

Laisse tomber. Ne t'inquiète pas. Pas de mauvais sang. Tout va bien, d'accord ?

CHARLOTTE

Tu as peur de me l'avouer.

JERRY

Non. Ne t'inquiète pas.

CHARLOTTE

Si, tu as peur.

JERRY

Très bien. Puisque tu veux le savoir, j'ai eu l'ambition de devenir président des Etats-Unis.

CHARLOTTE
Elle rit.

Ah, ah, ah, ah !

Jerry feint de trouver un immense intérêt à se passer la langue sur les dents, mais on voit bien que d'avoir fait cet aveu le désole et que, en même temps, il prend conscience que sa femme est désobligeante.

CHARLOTTE

Mais tu as décidé d'y renoncer, hein ?

JERRY

Eh tiens. J'ai renoncé à tout quand je me suis marié.

CHARLOTTE

Même à devenir facteur, hein ? Mais oui. Rends-moi responsable ! Sache que, sans moi, tu ne serais même pas devenu ce que tu es : un employé à cinquante dollars par semaine.

JERRY

C'est vrai. Je ne suis qu'un employé à cinquante dollars par semaine. Mais tu n'es qu'une femme à trente dollars par semaine.

CHARLOTTE

Ah, vraiment ?

JERRY

J'ai fait une grosse erreur en t'épousant.

CHARLOTTE

Ne dis pas des choses pareilles ! J'aimerais te voir mort, mort, enterré et incinéré ! Je pourrais enfin m'amuser.

JERRY

Où ça ? A la soupe populaire ?

CHARLOTTE

Oh, je le sais bien, que c'est là que je me retrouverais.

Charlotte n'est pas vraiment en colère. Elle est simplement prétentieuse et contente d'elle, et cette résistance inattendue à ses attaques ne l'embête que modérément. Elle sait que Jerry restera toujours auprès d'elle, s'éreintera pour elle. Elle n'a fait cette scène qu'en manière de comédie, pour calmer son ennui nocturne.

CHARLOTTE

Pourquoi n'as-tu pas réfléchi à tout cela avant notre mariage ?

JERRY

Je l'ai fait, une ou deux fois, mais tu m'as vite entortillé.

Bruit de pas mal assurés qui viennent de l'étage et font craquer les marches. Entre, d'une démarche chancelante, le père de Jerry, Horace, dit « Papounet ».

Papounet est né en 1834, et son bon vieux temps date de 88. Que d'ailleurs son progressif aveuglement l'a empêché de voir clairement arriver. A l'origine, il était sans doute supérieur à Jerry en esprit d'initiative, mais il a tout raté, et, durant les vingt dernières années, son esprit a régulièrement régressé. Une pension de guerre, la guerre civile, l'a rendu quasi indépendant, et, de toute sa vague hauteur, il méprise Jerry (qu'il considère comme un adolescent) et Charlotte (qu'il a tendance à détester). Ne s'étant pas adonné à la lecture pendant sa jeunesse, il s'est sur le tard plongé dans l'Ancien Testament et toute la littérature qui s'y rapporte, qu'il explore tous les jours à la bibliothèque municipale.

Comme individu il est petit, ratatiné, porte une grande quantité de poils sur le visage, ce qui le fait incontestablement ressembler à un caniche. Qu'il soit presque aveugle et, plus que cela, pas loin d'être sourd, concourt à cette attitude distante et impartiale, et à la nette impression que, derrière ce regard fané, se passe quelque chose de grave, de profond et d'important. Conception entièrement fausse : la moitié du temps, son esprit est un néant dans lequel de troubles caillots de bonnes et mauvaises informations s'agitent et dérivent, et l'autre moitié il rumine les menus détails de son existence quotidienne. Il est même trop vieux pour sécréter ces petites rancunes qui constituent l'unique mouvement vital que les vieux puissent opposer à la poussée toujours croissante de la jeunesse et de la vie.

En entrant, il ne regarde ni à droite, ni à gauche : branlant légèrement de la tête et la bouche un peu vibrante, il va droit à la bibliothèque.

JERRY

Salut, Papounet.

Papounet n'entend pas.

JERRY
Plus fort.

Tu cherches la Bible, Papounet ?

PAPOUNET
Il a atteint la bibliothèque, et se retourne d'un air sévère.

Je ne suis pas sourd, monsieur.

JERRY
Encourageons notre père.

Qui crois-tu qu'on désignera comme candidat à la présidence, ce soir ?

PAPOUNET
Essayant de faire croire qu'il n'a manqué que le dernier mot.

Le...

JERRY
Plus fort.

Qui crois-tu qu'on désignera comme candidat à la présidence ce soir ?

PAPOUNET

Je dirais que c'est Lincoln, notre plus grand président. *(Il se retourne vers la bibliothèque, la mine de celui qui a réglé une question futile.)*

JERRY

Je veux dire ce soir. Ils en choisissent un nouveau. Ne lis-tu pas les journaux ?

PAPOUNET

Qui n'a entendu qu'un vague murmure.

Mmm.

CHARLOTTE

Tu sais bien qu'il ne lit que la Bible. Pourquoi le harcèles-tu ?

JERRY

Il lit l'encyclopédie à la bibliothèque municipale. *(Avec un élan de civisme.)* Si seulement il lisait les journaux, il saurait ce qui se passe et aurait quelque chose à dire. Tout ce qu'il sait faire, c'est s'asseoir et rester silencieux.

CHARLOTTE

Au moins il ne s'embrouille pas le cerveau à longueur de journée. De toute façon il n'en a plus assez pour ça, n'est-ce pas, Papounet ?

Papounet ne répond pas.

JERRY

Enfin, Charlotte. Je ne dirais pas que c'est s'embrouiller le cerveau de répondre à un homme qu'on croise dans la rue et qui vous dit qu'on vient de désigner quelqu'un pour la candidature : « Oui, j'ai vu. » Imagine que je réponde : « Oui, Lincoln a été notre plus grand président. » Il dirait : « Eh bien, si ce type-là n'est pas une andouille, je ne sais pas ce que c'est qu'une andouille. »

PAPOUNET
Il se retourne, plaintif.

Quelqu'un a pris ma Bible.

JERRY

Non. Elle est sur la deuxième étagère, Papounet.

PAPOUNET
Il n'entend pas.

Je n'aime pas qu'on la change de place comme ça.

CHARLOTTE

Personne ne l'a changée de place.

PAPOUNET

Ma vieille mère me disait toujours : « Horace... » *(Il prononce ce mot avec une rondeur impressionnante mais, son regard venant de repérer la Bible, il perd le fil de sa pensée. Il fond sur le Saint Livre et le prend, faisant glisser deux ou trois autres livres qui tombent par terre. Le bruit de leur chute parvient très faiblement à ses oreilles : dans l'illusion que cette maladresse n'a pas été remarquée, il les pousse d'un pied sournois sous la bibliothèque. Charlotte et Jerry échangent un regard. La Bible sous le bras, Papounet se dirige furtivement vers l'escalier. Il voit quelque chose briller sur la première marche et, non sans difficulté, se penche pour le ramasser.)* Hé, il y a un clou gros comme une pièce de dix cents. *(Il monte.)*

JERRY

Il croit avoir trouvé une pièce de dix cents.

CHARLOTTE
D'un air entendu.

Ce serait bien la première qu'on en trouverait une ici.

Dans le silence qui s'ensuit, on entend Papounet monter les marches. A mi-chemin à peu près, un bruit, comme s'il avait trébuché sur une déchirure du tapis. Puis un silence absolu.

JERRY

Tout va bien, Papounet ? *(Pas de réponse. On entend Papounet reprendre sa montée.)* Il soufflait un peu. *(Il s'avance et commence à ramasser les livres. Ding-dong ! C'est à nouveau la sonnette de la porte d'entrée. Il lui vient à l'esprit que c'est peut-être le c,o,n,t,r,e...)* Je vais ouvrir.

CHARLOTTE
Qui s'est levée.

Je vais ouvrir. Je suis sûre que c'est Doris, ma sœur chérie. Tu as déjà ouvert une fois.

JERRY

Oui, mais c'était une erreur. Le tour me revient de droit.

Il est manifeste qu'ouvrir la porte est un agréable divertissement au sujet duquel ils se sont déjà querellés.

CHARLOTTE

Je vais ouvrir.

JERRY

Tu ne vas t'embêter avec ça.

CHARLOTTE ET JERRY
Ensemble.

Ecoute-moi bien...

Ils se tiennent devant la porte. Jerry se tourne, dans la simple intention d'argumenter un peu, et que fait sa femme ? Elle lui donne une gifle, puis, rapide comme l'éclair, passe devant lui et ouvre la porte.

Qu'en dites-vous ? Jerry reste là, sans expression. Entre Doris, la sœur de Charlotte.

Bien. Maintenant, je vais vous parler de Doris. Elle a

dix-neuf ans, je pense, elle est jolie. Mignonne, mince, et son habillement est une stupéfiante caricature de la mode du jour. Elle fait partie de cette portion de la classe moyenne dont les filles sont un tout petit peu trop fières pour travailler et un tout petit peu trop nécessiteuses pour ne pas le faire. Dans cette ville qui compte peut-être deux cent cinquante mille habitants, elle connaît quelques jeunes filles qui connaissent quelques jeunes filles qui sont des « locomotives », et ces relations la font se prendre pour un membre de l'aristocratie locale. D'intelligence, de moralité et de manières, c'est une honnête imitation de la jeune fille courante de cinéma, avec une touche de la débutante de l'année telle qu'elle la croise en ville. Doris connaît le prénom et la réputation de chaque débutante, et suit les divers événements de la saison d'après ce qu'en disent les rubriques mondaines des journaux.

Elle entre – sans se presser, en marchant – d'un air hautain, la tête légèrement penchée en avant, les hanches immobiles. Elle parle d'un ton ennuyé et lève les sourcils à chaque mot important qu'elle prononce.

DORIS

Salut tout le monde.

JERRY

Un peu raide. Il est furieux.

Salut, Doris.

Doris s'assied après avoir jeté un vague coup d'œil sur sa chaise, comme si elle mettait sa chasteté en doute.

DORIS

Eh bien, je suis de nouveau fiancée.

Elle le dit comme si elle se rendait compte qu'elle est le seul lien qu'a ce couple avec le monde extérieur. Elle prétend, avec une condescendance presque perceptible, que le fascinant spectacle de sa carrière est leur seul intérêt objectif. De sorte que ses confidences n'ont rien de personnel : elles sont plutôt l'impartial compte rendu d'une histoire d'importance nationale ou, mieux, passionnelle. Il va de soi que Charlotte et Jerry réagissent magnifiquement à cette remarque : ils la dévisagent, le souffle coupé ou presque et, en un unisson d'incrédulité, disent : « Vraiment ? »

DORIS
Laconique.

La nuit dernière.

CHARLOTTE
Ton de reproche.

Oh, Doris ! *(Elle la flatte, vous voyez, en l'accusant d'être incorrigible.)*

DORIS

Je n'ai tout bonnement pas pu m'en empêcher. Je ne pouvais plus supporter ce type, et il me fallait mettre au courant mon nouveau fiancé, puisqu'il faisait attendre une autre fille. Je ne pouvais plus supporter ça. La tension était terrible.

CHARLOTTE

Pourquoi ne pouvais-tu plus ? Qu'y avait-il de gênant ?

DORIS
Calme.

Il buvait. *(Il va de soi que Charlotte hoche la tête, pleine de compassion.)* Il buvait de tout. Tout ce qui lui passait par les mains. Des mélanges à lui, et puis il venait me voir.

Un observateur attentif pourrait remarquer que, à l'énoncé de cette phrase, Jerry tressaille, pensant à son infâme marché avec le c,o,n,t...

CHARLOTTE

Dommage. C'était un vrai chic type.

DORIS

Chic type, mais rien de plus. Je ne pouvais plus supporter ça, franchement je ne pouvais plus. Je n'avais jamais vu un homme pareil, Charlotte. Il m'a pris mon flacon de parfum. Quand un homme en est à monter dans la chambre de sa femme pour y voler du parfum à six dollars l'once, il est temps pour elle de le laisser partir.

CHARLOTTE

Je dirais même qu'elle l'a déjà fait. Qu'a-t-il dit, lorsque tu as rompu ?

DORIS

Il ne pouvait rien dire. Il était rond. J'ai attaché ma bague à une ficelle que je lui ai mise autour du cou, et je l'ai jeté dehors.

JERRY

Qui est le nouveau ?

DORIS

A vrai dire, je n'en sais pas grand-chose, mais je vous dirai ce que je sais de sûr d'après les informations que j'ai pu recueillir auprès de nos amis communs, etc., etc. Il n'est pas aussi chic type que le premier, mais il a plein de bons côtés. Il vient de l'État de l'Idaho, d'une ville nommée Poisson.

JERRY

Poisson ? P, o, i, deux s, o, n ?

DORIS

Je crois. On l'a nommée ainsi en l'honneur de son oncle... un certain M. Poisson.

JERRY
Spirituel.

C'est un vrai vivier.

DORIS
Qui ne comprend pas.

Ils sont très gentils, ces Poisson. Deux fois ils ont été maires de la ville et tout ça, si vous voyez ce que je veux dire. A présent, son père est dans les affaires.

JERRY

Lesquelles ?

DORIS

Un funérarium.

JERRY
Indélicat.

Ah, croque-mort.

DORIS
Elle est sensible au mot.

Enfin, pas exactement, mais quelque chose comme ça. Un funérarium, c'est une espèce de..., enfin une espèce d'entreprise de *bons* croque-morts, si tu vois ce que je veux dire. *(A partir de là, ton de la confidence.)* C'est le côté de la chose qui me déplaît. Il se peut que nous devions aller vivre à Poisson, juste au-dessus des bureaux de son père, vous savez.

JERRY

Mais c'est parfait. Pense comme ce sera commode quand...

CHARLOTTE

Jerry, tais-toi !

JERRY

Il est dans l'affaire de son père ?

DORIS

Non. Du moins pas à ce jour. Il y a été à une époque, mais ça n'a pas très bien marché, et maintenant il dit qu'il n'en est plus question. Son père lui a offert des parts dans un des magasins.

JERRY

Une poissonnerie, hé ?

Les deux femmes le regardent durement.

CHARLOTTE
Les épaules frétillant de plaisir.

Dis-nous-en un peu plus.

DORIS

Eh bien, il est très beau. Et il s'habille de façon, euh, pas tapageuse, tu vois, mais tout simplement *bien*. Et puis lorsqu'on lui parle, il fait quelque chose comme... *(Pour montrer ce que M. Poisson fait lorsqu'on lui parle, Doris se met brusquement de profil, lève le menton, ferme à moitié les yeux, exprimant un mépris mélancolique.)*

CHARLOTTE

Ah oui. Rudolph Valentine.

DORIS

Foudroyante. Le lui reprocheriez-vous ?

Valenti-*no*.

JERRY

Et qu'est-ce que cela exprime, son truc ?

DORIS

Je ne sais pas. Une espèce de... une espèce de passion.

JERRY

De passion !

DORIS

D'émotion. Il est très émotif. C'est une des raisons pour lesquelles je n'aimais pas mon précédent fiancé. Il n'était pas très émotif. Les trois quarts du temps, on aurait dit un veau. Il me faut des gens émotifs, moi. Tu te rappelles, ce passage du *Cheik*, quand le type dit :

« Faut-il, madame, que je sois votre valet en même temps que votre amant ? » Voilà ce qui me plaît.

CHARLOTTE
Dardant un regard sur Jerry.

Je comprends *parfaitement* ce que tu veux dire.

DORIS

Il n'est pas aussi grand que je voudrais, mais il a un corps magnifique, et une très belle peau. Je ne peux pas supporter les gens qui n'ont pas une belle peau, toi si ? Il m'appelle *son adorable petit œuf*.

JERRY

Ce qui veut dire ?

DORIS
D'un ton dégagé.

Les gens se surnomment volontiers « mon œuf », ces temps-ci. C'est chic.

JERRY
Épaté.

Mon œuf ?

CHARLOTTE

Quand penses-tu te marier ?

DORIS

On ne sait jamais !

Un silence pendant lequel ils soupirent, comme s'ils méditaient. Après quoi Doris, faisant un énorme effort d'équité, éloigne la conversation de sa personne.

DORIS
Protectrice, condescendante.

Comment ça va, vous deux ? *(A Jerry.)* Ton père lit-il toujours la Bible ?

JERRY

La plupart du temps, il pense.

DORIS

Ces vingt dernières années, il n'a rien eu d'autre à faire, si ?

JERRY
Impressionné.

Pense à la quantité de choses auxquelles il a dû penser.

DORIS
Blasphématrice.

Cette vieille cloche ? *(Cela choque un peu Charlotte et Jerry.)* Et pour le reste, comment va ?

JERRY

Aujourd'hui, je me suis fait analyser, à...

CHARLOTTE
Elle l'interrompt.

Rien de neuf.

JERRY

Je me suis fait an...

CHARLOTTE
À Jerry.

J'aimerais que tu aies la gentillesse de ne pas m'interrompre.

JERRY
Pitoyable.

Je croyais que tu avais fini.

CHARLOTTE

Et voilà. Tu m'as fait sortir de la tête ce que j'avais à dire. *(A Doris.)* Tu sais ce qu'il m'a dit, tout à l'heure ? Que s'il ne m'avait pas épousée il serait devenu président des Etats-Unis. *(Jerry jette son journal à la hâte, se dirige furieux vers la porte et sort sans dire un mot.)* Tu as vu ? Un simple étalage de mauvaise humeur. *(Elle soupire. La chipie !)* J'ai l'habitude.

Pleine de tact, Doris ne répond pas. Après un bref silence, elle change de sujet.

DORIS

Je me rends compte que je viens de commettre une terrible erreur.

CHARLOTTE
Passionnée.

Ne pas conserver les deux à la fois pendant quelque temps ? Je suis de ton avis.

DORIS

Non. Je pensais... Tu te souviens des trois robes que j'ai fait allonger ?

CHARLOTTE
Elle retient son souffle.

Oui.

DORIS
Tragique.

Je ne pourrai plus jamais les porter.

CHARLOTTE

Pourquoi ?

DORIS

Dans le nouveau *Magazine du Cinéma*, il y a une photo de Mae Murray... A mi-mollets, ma chère !

CHARLOTTE

Non ?

La porte de la salle à manger s'ouvre, Jerry entre. Ne regardant ni d'un côté, ni de l'autre, il va droit vers la place qu'il a laissée vide, ramasse la moitié du journal et ressort sans dire un mot. Les deux femmes le gratifient d'un regard peu amène, puis reprennent leur conversation.

DORIS

C'est bien ma chance. Dire que j'avais d'abord pensé à les faire ourler ! C'est toujours comme ça. Il suffit que je me fasse coiffer en cloche pour que Marilyn Miller se laisse pousser les cheveux. Regarde. *(Elle enlève son chapeau.)* Je ne peux rien en faire. *(Elle le remet.)* Tu es allée au théâtre Bijou ?

CHARLOTTE

Non, qu'est-ce qui s'y joue ?

Jerry entre à nouveau, on ne peut plus embarrassé. Ce pauvre homme a emporté la mauvaise moitié du journal. Silencieux, le regard tendu, il procède à l'échange sous l'intense surveillance de deux paires d'yeux, et repart dans l'asile qu'est la salle à manger. Lorsque Doris s'adresse à lui, il sursaute.

DORIS

Dis !

JERRY

Morose et digne.

Quoi ?

DORIS

Véritablement intéresssée.

Qu'est-ce qui te fait croire que tu pourrais devenir président ?

JERRY

À Charlotte.

Vas-y. Paye-toi ma tête devant toute ta famille ! *(Pris par son excitation, il frappe le journal contre une chaise.)*

CHARLOTTE

Je n'ai rien dit. Pas un mot, pas un seul petit mot. N'est-ce pas, Doris ? *(Jerry sort à la hâte. Sans son journal !)* Doris, ai-je dit un seul mot ? Je m'en remets à toi. Ai-je dit un seul mot qui justifie qu'il me rugisse au nez ? Qui lui permette de *m'injurier* ? *(Jerry entre, cramoisi, récupère le journal qu'il avait oublié et ressort à toute vitesse.)* Il m'a harcelée toute la soirée. Il m'a dit que je l'empêchais de faire ce qu'il voulait. Or tu le sais très bien, Doris : sans moi, il serait devenu facteur. Il a dit qu'il préférerait me voir morte. *(Il me semble, à moi, que c'est Charlotte qui a souhaité la mort de Jerry!)* Il a dit que, pour trente dollars par semaine, il pourrait se trouver une meilleure femme.

DORIS
Fascinée.

Il a dit ça ? Où a-t-il dit qu'il la trouverait ?

CHARLOTTE

Voilà le genre d'homme que c'est.

DORIS

Même si tu lui donnais de l'argent, il serait incapable de devenir riche. Il n'a pas de mordant. Un homme doit avoir du mordant, non ? Je veux dire du *ha! (Elle pousse un bref grognement qui exprime une indomptable énergie et fait un geste tranchant de la main.)* J'ai vu dans le journal quelque chose sur un type de quarante ans sans bras ni jambes, et qui est milliardaire.

CHARLOTTE

Peut-être que Jerry se débrouillerait mieux, sans bras ni jambes. Et comment a-t-il réussi, ton bonhomme ?

DORIS

J'ai oublié. Une invention. Il a simplement mis une invention au point. C'est le truc, tu sais, de mettre une invention au point. Une crème de beauté, ou pour les pieds. Tu sais que j'aimerais bien que quelqu'un invente un henné de première qualité ? Peut-être que Jerry pourrait le faire.

CHARLOTTE

Il n'est pas assez intelligent.

DORIS

J'ai vu un chien magnifique, aujourd'hui.

CHARLOTTE

Quel genre ?

DORIS

Il se promenait sur l'avenue Crest avec Mme Barton. Il était rose.

CHARLOTTE

Ça ! Je n'ai jamais vu de chien rose.

DORIS

Moi non plus, avant celui-ci. Ah, ce que c'est bien pensé... Bon, il faut que j'y aille. Mon fiancé vient me prendre à neuf heures moins le quart pour aller au cinéma.

CHARLOTTE

Pourquoi ne l'amènerais-tu pas, un de ces jours ?

DORIS

D'accord. Si tu es encore levée, je te l'amènerai après le film.

Elles se rendent à la porte. Doris sort. Charlotte vient à peine de fermer la porte qu'on entend la sonnette. Charlotte ouvre la porte puis, une expression de frayeur sur le visage, recule dans la pièce. Un homme est entré, qui porte un grand sac en toile de jute à l'épaule. C'est M. Snouuuks ou Snouks en personne, le contrebandier.

J'aimerais bien pouvoir vous présenter l'original de M. Snooks. Celui-ci a l'allure la plus scélérate qui se puisse trouver. Il a le menton mou, le nez cassé, une barbe de trois jours, et les yeux de travers. Pour avoir une idée de sa tenue, représentez-vous un habitué des champs de courses qui serait tombé dans la boue. Son visage et ses mains sont couverts de poussière. Il lui manque une dent devant, et elle manque avec une ostentation vulgaire, pour le moins hideuse. Son plus gracieux sourire consiste en une œillade criminelle, et, quand il parle, avec son traînement scélérat, ses yeux fuient d'un côté et de l'autre du tapis.

CHARLOTTE
Mal à l'aise.

Vous désirez ?

SNOOKS
Voix rauque.

Dites un peu à vot' mari que l' Père Noël est arrivé.

CHARLOTTE
Elle l'appelle, nerveuse.

Jerry, il y a quelqu'un pour toi. Il dit qu'il s'appelle... C'est le Père Noël.

Jerry entre. Il voit la situation, mais l'apparition du c, o, n, t... le heurte, de toute évidence, et une vague de gêne le submerge. Il dissimule néanmoins ses sentiments sous une superbe nonchalance.

JERRY

Ah oui. Très heureux. Comment allez-vous ? Heureux de vous revoir.

SNOOKS
Secouant le sac, qui produit un sourd bruit de verre heurté.

L'a dit bonjour au monsieur, hein ?

Charlotte regarde sombrement les deux hommes.

JERRY

C'est bon, Charlotte. Je m'en occupe. Remonte. Remonte et lis donc le... Il y a dans le *Saturday Evening Post* une histoire sur une jeune Chinoise des îles de la Buse qui...

CHARLOTTE

Je sais. Qui n'est pas chinoise. Aucune importance. Je reste.

Jerry se détourne, l'air de celui qui a fait de son mieux, et puis maintenant, quoi, elle n'a plus qu'à accepter les conséquences de son choix.

JERRY
À Snooks.

Vous êtes Monsieur Snouuuks ? Ou Snouks ?

SNOOKS

Snouks. Marrant, comme nom, pas ? M' le suis inventé. C'est çui d'une marque de tomates en conserve. Légalement, je suis irlando-polonais.

Ce disant, il étale le contenu du sac sur la table. Apparaissent d'abord deux bocaux de cinq litres, l'un plein, l'autre vide, puis un bidon carré de cinq litres, fermé, enfin, trois flacons et un compte-gouttes médicinal.

CHARLOTTE
De plus en plus horrifiée.

Qu'est-ce que c'est que ça ? Un alambic ?

SNOOKS
Clignant de l'œil vers Jerry.

Non m'dame. C't' un pressoir.

JERRY

Il essaie de se la concilier.

Non, non, Charlotte. Ecoute. Ce monsieur va me fabriquer un peu de gin, et pour rien, trois fois rien.

CHARLOTTE

Du gin !

JERRY

Pour des cocktails.

CHARLOTTE

Les cocktails de qui ?

JERRY

Les tiens, et les miens.

CHARLOTTE

Et tu crois que je vais boire de ce poison ?

SNOOKS

Du poison ! Dites, m'dame, si c'en était, j'serais crevé d'puis longtemps. J'serais au paradis ! C'est pas d'l'alcool de bois, c'est d'l'alcool *de grain*.

Il soulève le bidon, qui porte l'étiquette suivante :

POISON
ALCOOL DE BOIS

CHARLOTTE
Indignée.

Je lis « alcool de bois », il me semble !

SNOOKS

Oui, mais c'en est pas. C'est simplement que j'me sers d'un bidon d'alcool de bois au cas où j'me ferais pincer. On a le droit d'vendre de l'alcool de bois, voyez ?

JERRY
Il explique à Charlotte.

Au cas il se ferait pincer, tu vois ?

CHARLOTTE

Tout cela est épouvantable.

JERRY

Mais non, ça ne l'est pas. M. Snooks en vend aux familles les plus huppées de la ville. N'est-ce pas, monsieur Snooks ?

SNOOKS

Pour sûr. Vous connaissez le vieil Alec Martin ?

JERRY
Coup d'œil à Charlotte, qui reste de marbre.

Bien sûr. Personne n'ignore ce qu'il représente.

SNOOKS

J'y ai vendu cinq litres. Et John B. Standish ? J'y ai vendu vingt-cinq litres, et il a dit que c'était la meilleure came qu'il ait jamais bue.

JERRY
À Charlotte.

Tu vois ? Les gens les plus huppés de la ville.

SNOOKS

Si j'm'étais pas fait doubler, j'serais arrivé plus tôt.

JERRY

Comment ça ?

SNOOKS

Un type m'a donné au fisc. Je me suis fait taper de deux mille dollars et de quat' caisses de Haig et Haig.

JERRY

C'est trop dommage !

SNOOKS

On peut jamais savoir qui est régulier, dans ce bizness. On se fait doubler en deux secondes.

JERRY

Qui vous a donné ?

SNOOKS

Un type. Et ça lui a rapporté quoi, d'après vous ?

JERRY

Quoi ?

SNOOKS

Dix dollars. Comment peut-on êt' sûr d'un type qui vous donne pour dix dollars ? J'suis allé droit sur lui et j'y ai dit : Eh toi, sal...

JERRY

Nerveux.

C'est bon, c'est bon !

SNOOKS

J'y ai dit ses quat' vérités, quoi. Et j'y en ai collé une. D'vant les agents du fisc : i' s'marraient. Moi et mon frère on va y aller demain lui en coller une autre.

JERRY
Équitable.

Il est certain qu'il l'a mérité.

Silence.

SNOOKS
Qui est resté un instant pensif.

Bon, j'vais vous préparer ça.

CHARLOTTE
Sévère.

Combien ça coûte ?

SNOOKS

Ça ? Seize dollars les cinq litres.

JERRY
Empressé.

Tu vois, Charlotte, on prend deux fois cinq litres, ce qui fait dix, et dix litres en donnent vingt de cocktail. C'est assez pour tenir... trois ans, au bas mot. Pense comme ce sera gentil quand nous aurons du monde. Tu diras : « Un petit cocktail ? » « Avec plaisir. » « On y va. » *(Il fait un bruit qui imite le pressage d'une orange.)* Orange ! *(Un bruit de glace pilée.)* Glace ! *(Il verse le mélange imaginaire dans trois verres imaginaires. Il boit dans l'un de ces verres imaginaires puis se frotte le ventre.)*

CHARLOTTE
Méprisante.

Au cas où tu voudrais mon avis, je te trouve cinglé.

SNOOKS
Il enlève son manteau et son chapeau.

Vous auriez une grande bassine ?

CHARLOTTE

Non. Pourquoi n'avez-vous pas apporté la vôtre ?

JERRY
Hésitant.

Il y a une belle grande bassine à la cuisine.

CHARLOTTE

Allons-y. Abîme toutes mes affaires.

JERRY

Je la laverai après.

CHARLOTTE

Tu la laveras ?

Elle rit d'une façon méprisante, sous-entendu : cela sera mal fait, par conséquent. N'empêche que Jerry va chercher la bassine. Il se sent très coupable, mais enfin il ira jusqu'au bout, même s'il n'a pas fini d'en entendre parler.

SNOOKS
Braillant.

Apportez aussi un tire-bouchon ! *(Il tend le bidon métallique à Charlotte.)* Alcool de grain. *(En guise de réponse, Charlotte fait la moue. Il soulève un des flacons.)* Esprit de Jupiter. Une goutte, et ça vous embaume la maison pour une semaine. *(Il soulève un autre flacon.)* Huile d'anis. Pour le goût. Neutralise l'arsenic. *(Il soulève un troisième flacon.)* Huile de coriandre.

CHARLOTTE
Sardonique.

Voulez-vous que j'aille à l'armoire à pharmacie ? J'y trouverai peut-être quelque chose pour vous. Peut-être avez-vous besoin d'iode ? Ou du baume musculaire de Papounet ?

Jerry entre, les bras chargés.

JERRY

La bassine et le tire-bouchon.

CHARLOTTE

Tu as oublié le sel et le poivre.

A grands coups, le contrebandier enfonce le tire-bouchon dans le bidon métallique. Ses efforts lui donnent une quinte de toux.

CHARLOTTE

Je vous prierais d'arrêter de tousser. Vous allez réveiller les voisins.

SNOOKS

Vous auriez une épingle à cheveux, m'dame ?

CHARLOTTE

Non.

SNOOKS

Des ciseaux, alors ?

CHARLOTTE

Non.

SNOOKS

Qu'est-ce que c'est que cette maison ? *(Finalement, il réussit à ouvrir le bidon. Puis, non sans fierté :)* Alcool de grain. M'a coûté six dollars les cinq litres. *(A Charlotte.)* Sentez.

CHARLOTTE
Elle recule brusquement.

Quelle odeur atroce !

SNOOKS

C'est l'esprit de Jupiter. J'l'ai pourtant pas encore ouvert. Ça vous ronge une corde en huit jours. *(Il verse l'eau contenue d'un des bocaux dans la bassine.)*

JERRY
Inquiet.

N'auriez-vous pas dû mesurer ?

SNOOKS

J'ai l'habitude de faire à vue de nez.

CHARLOTTE

Qu'est-ce que c'est ? De l'arsenic ?

SNOOKS

De l'eau distillée, m'dame. Si on met de l'eau normale, ça se brouille. Et il vous faut du pur. *(Il verse l'alcool du bidon.)* Une cuillère ?... Bon, laissez tomber. *(Il relève sa manche et s'apprête évidemment à plonger le bras dans la préparation.)*

JERRY
Brusquement.

Eh ! Attendez une minute. Inutile... inutile de vous mouiller la main. Je vais chercher une cuillère. *(Il y va.)*

CHARLOTTE
Sarcastique.

Prends une cuillère en argent.

SNOOKS

N'importe quoi f'ra l'affaire.

Jerry revient avec une cuillère en argent qu'il tend à M. Snooks.

CHARLOTTE

J'aurais dû me douter... Idiot !

M. Snooks remue la préparation : la cuillère devient rouge. Charlotte pousse un petit cri.

SNOOKS

Ça l'abîmera pas, m'dame. Mettez-la une heure au soleil. Et maintenant, l'esprit de Jupiter.

Il pompe le liquide d'un des flacons au compte-gouttes, puis fait tomber une lente et interminable procession de gouttes dans la bassine. Jerry observe avec la plus vive attention, et une inquiétude croissante. A partir, disons, de la quatorzième goutte, il sursaute à chaque fois qu'une nouvelle goutte tombe. Enfin, M. Snooks s'arrête.

JERRY

Combien en avez-vous compté ?

SNOOKS

Seize.

JERRY

Et moi dix-huit.

SNOOKS

Une de plus ou d' moins, qu'est-ce que ça change ? Z'auriez pas un entonnoir ?

JERRY

Je vais le chercher. *(Il y va.)*

SNOOKS

Bonne came, m'dame. Aussi bonne que la vraie que vous achetiez dans le temps. *(Charlotte dédaigne de répondre.)* Vous faites pas de souci pour la cuillère. Si ç'avait été du vrai, elle aurait pas viré comme ça. De nos jours, on vend pour de l'argent des tas de trucs qu'en sont pas.

Jerry revient avec l'entonnoir, et M. Snooks verse le contenu de la bassine dans les deux bocaux en verre.

SNOOKS
Soulevant avec admiration l'un des récipients.

Du vrai de vrai.

CHARLOTTE

C'est brouillé.

SNOOKS
Ton de reproche.

Brouillé ? Vous appelez ça brouillé ? C'est pas brouillé. C'est même aussi pur...

Il le soulève et essaie de regarder au travers. De toute évidence, il le fait pour la forme : la préparation est profondément opaque et intransperçable par un œil humain.

CHARLOTTE
N'en tenant aucun compte et se tournant vers Jerry avec mépris.

Ça serait la dernière boisson alcoolisée de la terre que vous ne m'en feriez pas boire une goutte.

SNOOKS

Si c'était la dernière boisson alcoolisée de la terre, m'dame, elle ne s'rait pas à vendre.

JERRY
Sceptique.

Ça a l'air un peu... trouble.

SNOOKS

Mais non, puisqu'on voit à travers ! *(Il remplit un verre et boit.)* Bon, faut juste filtrer. Question de nerfs.

CHARLOTTE ET JERRY
Ensemble.

De nerfs ?

JERRY

A quel moment avons-nous versé ce truc-là ?

SNOOKS

Jamais. C'est juste du dépôt. Ouais, une simple question de nerfs. N'importe quel chimisse vous l'dira.

CHARLOTTE
Sarcastique.

Ah, ah ! *Question de nerfs*. Tu parles.

SNOOKS

Mais si, question de nerfs. *(Il remplit un verre puis le lui tend.)* Essayez !

CHARLOTTE

Peuh ! *(Comme il s'approche, elle s'éloigne avec un mouvement d'horreur. Snooks offre le verre à Jerry.)* Si tu bois de ce machin, il faudra te réanalyser entièrement. *(Mais Jerry boit.)* Je ne peux plus supporter ça. Lorsque ton... Lorsqu'*il* sera parti, je te prierai d'ouvrir les fenêtres. *(Elle sort et monte à l'étage.)*

SNOOKS
Rire cynique.

Vot' vieille a un peu les dents contre vous, hein ?

JERRY
Bravement.

Non. Elle me laisse faire ce que je veux.

SNOOKS

Vous devriez lui filer un gnon de temps à autre. Ça la remettrait à sa place.

JERRY
Choqué.

Oh, non ! Vous ne devriez pas dire des choses comme ça.

SNOOKS

Ma foi, si ça vous amuse qu'elle vous lâche pas... Seize dollars, siouplaît.

Jerry cherche dans ses poches.

JERRY
Comptant.

Treize, quatorze... voyons. Je pourrais utiliser l'argent du laitier, à condition de savoir... Un instant, monsieur Snooks.

Il sort et va à la cuisine. Presque au même moment, on entend des pas en haut de l'escalier : apparition un peu floue de Papounet, resplendissant dans une chemise de nuit blanche qui flotte autour de lui. M. Snooks reste un instant stupéfait.

PAPOUNET
Clignant des yeux.

Il m'a semblé sentir le brûlé.

SNOOKS

Ça sent rien du tout, pépé.

PAPOUNET

Très heureux, monsieur. Vous voudrez bien pardonner ma tenue. Je me suis éveillé et il m'est apparu que la maison brûlait. Je suis le père de M. Frost.

SNOOKS

Je suis le contrebandier.

PAPOUNET

Le ?

SNOOKS

Le contrebandier.

PAPOUNET
Enthousiaste.

Vous êtes l'employeur de mon fils ? *(Ils se serrent la main.)* Pardonnez ma tenue. Je me suis éveillé, et il m'a semblé sentir le brûlé.

SNOOKS
Définitif.

Vous vous plantez.

PAPOUNET

Peut-être me suis-je trompé. Mon odorat n'est plus aussi sûr qu'avant. Jerry est un bon garçon. C'est mon seul enfant. Je l'ai eu de ma deuxième femme, monsieur... ? le... ? *(Il a manifestement l'impression que Snooks a dit son nom et qu'il ne l'a pas entendu.)* Je suis heureux de faire la connaissance de son employeur. Je dis toujours que je descends de Jack Flotte. C'était une blague à nous, quand nous étions jeunes. Nous disions que les premières Flotte étaient arrivées ici à l'automne. Ah, ah, ah ! *(Il est persuadé de faire la propagande de Jerry auprès de son employeur.)*

SNOOKS
Qui s'ennuie.

On n'a pas passé l'heure de dormir, pépé ?

PAPOUNET

Vous voyez ? « Frost » et « flotte ». Ce qu'elle a pu nous faire rire, cette blague.

SNOOKS

Elle ferait rire n'importe qui.

PAPOUNET

« Frost », n'est-ce pas. Nous ne sommes pas riches, mais je dis toujours qu'il est plus facile à un chameau de passer par le trou d'une aiguille qu'à un riche de gagner le paradis.

SNOOKS

C'est ce que j'ai toujours pensé.

PAPOUNET

Bien. Je pense que je vais aller me coucher. Mon odorat m'a trompé. Tant pis. *(Il rit.)* Bonne nuit, monsieur... ?

SNOOKS
Gaiement.

Bonne nuit, pépé. Dormez bien. Ne vous faites pas mordre par les punaises.

PAPOUNET
S'éloignant.

J'espère que vous pardonnerez ma tenue.

Il monte à l'étage. Jerry revient de la cuisine, juste à temps pour entendre le son de sa voix.

JERRY

Qui était-ce ? Papounet ?

SNOOKS

Il croyait qu'il avait pris feu.

JERRY
Ignorant tout de la chemise de nuit.

C'est tout mon père. C'est une grande autorité en matière de... enfin, la Bible et tout un tas d'autres choses. Voilà vingt ans qu'il ne fait rien que penser à des tas de choses... Tenez, votre argent.

Jerry lui donne seize dollars.

SNOOKS

Merci. Bon. Je pense que vous avez compris. On en boit deux verres, et on sait quoi dire à sa femme quand elle la ramène.

CHARLOTTE
De l'étage.

Fermez la porte ! Je sens votre truc jusqu'ici !

Jerry ferme promptement la porte qui mène à l'étage.

SNOOKS

Voudriez du whisky ?

JERRY

Oh non, merci.

SNOOKS

De la crème de menthe ?

JERRY

Non plus, merci.

SNOOKS

Et qu'est-ce qu'on dirait d'un petit vermouth ?

JERRY

Je crois que je n'ai besoin de rien d'autre.

SNOOKS

Goûtez juste un verre de celui-ci.

JERRY

C'est fait.

SNOOKS

Prenez-en un autre.

JERRY
Il en prend un autre.

Pas mauvais. Fort.

SNOOKS

Eh tiens, que c'est fort. Ça assomme. Dur à trouver, par les temps qui courent. On nous le fait suer. Ce pays tombe en morceaux. Les trois quarts des contrebandiers, dès qu'ils ont l'dos tourné, on peut plus leur faire confiance. C't'effrayant. On dirait qu'ils ont aucune conscience.

JERRY
S'animant.

Vous êtes-vous déjà fait analyser, monsieur Snooks ?

SNOOKS

Moi ? non. Je ne me suis jamais fait arrêter par la police.

JERRY

Je veux dire, quand on vous pose des questions.

SNOOKS

Je connais, pour sûr. Empreintes digitales et tout le tintouin.

JERRY
Il boit un autre verre.

Vous devriez chercher à vous élever dans la société.

SNOOKS

Et pourquoi ça ?

JERRY

Eh bien, eh bien... tout le monde doit. A ce qu'elle dit.

SNOOKS

Qui ?

JERRY
Dans un accès d'inspiration.

La Bible. C'est un des dix commandements.

SNOOKS

Jamais pu le finir, ce livre.

JERRY

Vous ne voulez pas vous asseoir une minute ?

SNOOKS

Faut que j'me tire.

JERRY

Vous permettez que je vous pose une question d'ordre personnel ?

SNOOKS

Pour sûr. Feu !

JERRY

Avez-vous jamais... avez-vous jamais eu l'ambition de devenir président ?

SNOOKS

Bien sûr. Une fois.

JERRY
Lourdement.

Vous l'avez eue, hein ?

SNOOKS

Une fois. Mais enfin, la contrebande, c't'aussi bien. Ça rapporte plus.

JERRY
Grave.

C'est juste. ,

SNOOKS

Bon, faut que je me tire. J'dois emmener ma mère à l'église.

JERRY

Oh. Oui.

SNOOKS

Salut. En cas d'assèchement, vous connaissez mon adresse.

Tous deux sourient gentiment à cette plaisanterie.

JERRY
Il ouvre la porte.

Je penserai à vous. Merci.

Snooks sort. Jerry hésite, puis ouvre la porte du haut.

JERRY

Char-lotte !

CHARLOTTE
De mauvaise humeur.

Laisse cette porte fermée, je te prie. L'odeur monte jusqu'ici. Je vais attraper mon rhume des foins.

JERRY
Gentiment.

Je voulais te demander si tu ne prendrais pas un petit cocktail avec moi.

CHARLOTTE

Non ! Combien de fois faudra-t-il te le dire ?

JERRY
Découragé.

Tu n'as pas besoin d'être aussi désagréable, enfin.

Pas de réponse. Il aimerait bien discuter un peu plus, mais il ferme la porte et retourne à la table. Prenant l'un des bocaux, il examine son opacité d'un œil inquisiteur. Quoi qu'il en soit, c'est son bien, et de toute évidence il le juge de qualité. Il regarde les trois flacons avec curiosité, en ouvre un, renifle son contenu, puis replace précipitamment le bouchon. Il hésite. Il se rend à la salle à manger en chantant : « Ils sont tous là ! », et revient muni d'une orange, d'un couteau et d'un autre verre. Il coupe l'orange, la presse à moitié dans le verre, s'essuie les mains au bord de la nappe, ajoute de sa liqueur. Il boit lentement, attend. Avec l'autre moitié de l'orange, il se prépare une deuxième libation.

Non ! Il ne suffoque pas, ne fait pas d'horribles grimaces, la gorge ne lui brûle pas lorsque le liquide y descend. Il ne titube pas non plus. Seule témoigne de son exaltation la vague confusion avec laquelle il éparpille couteau, oranges et verres.

Mû par le grégaire instinct de l'homme, il se dirige derechef vers la porte du haut et l'ouvre.

JERRY
Il appelle.

Dis, Charlotte ! La convention doit être finie. Je me demande qui ils ont désigné.

CHARLOTTE

Je t'ai prié de fermer la porte.

Mais son désir de s'exprimer, de faire profiter l'humanité de sa toute nouvelle exaltation, est irrésistible. Il va vers le téléphone, décroche.

JERRY

Allô ? Allô ? Allô. Dites ! Est-ce que par hasard vous pourriez me dire qui a été désigné pour la candidature ?... D'accord, passez-moi les renseignements... Allô, les renseignements ? Est-ce que par hasard vous pourriez me dire qui a été désigné pour la candidature ?... Pourquoi ?... C'est un renseignement, non ?... Peu importe la sorte de renseignement dont il s'agit, c'est un renseignement, non ? Non ? C'est un renseignement, non ?... Dites, vous êtes pressé ? *(Il secoue l'écouteur de haut en bas.)* Allô, repassez-moi les longues distances... Allô, les renseignements ?... On fait du contre-renseignement, hein ? Ah, ah ! Vous l'avez entendue, celle-là ? Du *contre*-renseignement... Je demandais un renseignement... Eh bien, vous conviendrez, longues distances... Longues distances, combien loin êtes-vous ?

A une très longue distance ! Ah, ah !... Allô... Allô ! *(De toute évidence, on a raccroché. Jerry fait de même.)* Une merveille, ces services téléphoniques ! *(Il retourne rapidement vers le téléphone et décroche.)* Les services téléphoniques les plus minables que je connaisse ! *(Il raccroche brutalement et retourne à son verre.)*

On entend un cri à l'extérieur : « Eh, oh ! » *Incontinent, Doris ouvre la porte d'entrée et entre, suivie de Joseph Poisson, un insipide jeune homme roux, qui peut avoir vingt-quatre ans. Poisson porte un costume de confection à martingale dont les poches ont une inclinaison crapuleuse. C'est le produit d'un lycée de petite ville et d'une année d'études de commerce dans une université d'Etat.*

Doris le tient fermement par le bras. Elle le mène à Jerry, qui pose son verre et les regarde en clignant des paupières.

DORIS

Cette odeur ! On se croirait dans une brasserie ! *(Elle remarque le bocal et les autres débris de l'orgie domestique qu'a faite Jerry.)* Qu'étais-tu en train de faire ? Tu distillais du whisky ?

JERRY

Tâchant de prendre une attitude pleine d'une digne nonchalance.

Je préparais des cocktails.

DORIS
Après un long sifflement.

Et qu'en dit Charlotte ?

JERRY
Avec dignité.

Charlotte est en haut.

DORIS

Je voudrais te présenter mon fiancé, M. Poisson. Monsieur Poisson, mon beau-frère, M. Frost.

JERRY

Très heureux de faire votre connaissance, monsieur.

POISSON

'Chanté. *(Il s'esclaffe poliment.)*

JERRY
Horrifié.

C'est le croque-mort ?

DORIS
Aigre.

Tu es paf.

JERRY
À Poisson.

Un petit verre ?

DORIS

Il ne boit pas.

POISSON

Merci. Je ne bois pas. *(De nouveau, il s'esclaffe poliment.)*

JERRY
Avec une expression très espiègle.

Connaissez-vous Ida ?

POISSON

Ida qui ?

JERRY

Idaho. *(Il rugit de rire à sa propre plaisanterie.)* C'est une blague que j'ai entendue aujourd'hui. Comme vous êtes de l'Idaho, je m'étais dit que je vous la ferais.

POISSON
Amer.

Elle est nulle !

JERRY
Arrogant.

C'est que l'Idaho est un Etat nul. Je n'aimerais vraiment pas y être né.

DORIS
Glaciale.

Peut-être qu'on y dirait la même chose de toi. Je monte voir Charlotte : je te serais reconnaissante de bien vouloir t'occuper poliment de M. Poisson quelques minutes.

Doris monte. Les deux hommes s'assoient. Poisson est un peu gêné.

JERRY
Avec un clin d'œil.

Maintenant qu'elle est partie, c'est le moment de prendre un petit verre.

POISSON

Non, merci. Je ne bois plus. Je buvais pas mal dans l'Idaho, mais j'ai arrêté.

A l'extérieur, un bruit faible, presque imperceptible, pareil à celui d'une foule lointaine. Quoi qu'il en soit, aucun des deux ne semble le remarquer.

JERRY

Il y a de bons alcools, là-bas ?

POISSON

A la boutique, on buvait du liquide d'embaumement, mais on ne peut pas dire que ça me réussissait.

JERRY
Concentrant avec quelque difficulté son regard sur Poisson.

Le contraire m'aurait étonné.

POISSON

Ça réussissait à quelques potes, mais pas à moi.

JERRY
Brusquement.

Quel âge avez-vous ?

POISSON

Moi ? Vingt-cinq ans.

JERRY

Avez-vous... avez-vous jamais eu l'ambition de devenir président ?

POISSON

Président ?

JERRY

Oui.

POISSON

Directeur général ?

JERRY

Des Etats-Unis.

POISSON
Dédaigneux.

Que non !

JERRY
Presque suppliant.

Jamais, vraiment ?

POISSON

Jamais.

JERRY

Curieux. Avez-vous jamais voulu être facteur ?

POISSON
Dédaigneux.

Oh non ! Le truc, c'est d'être sénateur.

JERRY

Ah bon ?

POISSON

Mais oui. Et je serai sénateur. C'est là qu'on se fait de la vraie gratte !

JERRY

Ses yeux se ferment de sommeil. Il les rouvre. Aux aguets.

Entendez-vous du bruit ?

POISSON

Après avoir prêté l'oreille un instant.

Pas le moindre.

JERRY

Déconcerté.

C'est curieux. Moi j'en entends.

POISSON

Dédaigneux.

Vous avez des hallucinations.

Autre silence.

JERRY

Ainsi, vous n'avez jamais voulu devenir président ?

POISSON

Nooon !

A l'extérieur, le bruit augmente, se rapproche, enfle jusqu'à devenir un hurlement. Le voici presque sous les fenêtres. Apparemment, Poisson ne l'entend pas, mais Jerry fronce ses chauves sourcils et se lève. Il se rend à la fenêtre, l'ouvre grande. Monte une puissante acclamation, puis le battement d'une grosse caisse.

JERRY

Nom d'un chien !

Dring ! Dring ! Dring ! La sonnette ! La porte s'ouvre, et une douzaine d'hommes se ruent dans la pièce. A leur tête se trouve M. Jones, politicien.

M. JONES
S'approchant de Jerry.

Etes-vous M. Jérémie Frost ?

JERRY
Montrant des signes de frayeur.

Oui.

M. JONES

Je suis M. Jones, le célèbre politicien. J'ai été député pour vous informer que, dès le premier tour, le parti républicain vous a désigné à l'unanimité son candidat à la présidence de la République.

Violentes acclamations dedans et dehors, nouveaux battements de grosse caisse. Jerry serre la main de M. Jones, mais Poisson, resté assis et silencieux, ne prête aucune attention à l'affaire – selon toute apparence, il ne voit ni n'entend ce qui se passe.

JERRY
À M. Jones.

Mince alors ! Je vous avais pris pour un agent du fisc.

Sous une acclamation encore plus éclatante, Jerry est hissé sur les épaules de la foule qui, enthousiaste, le fait sortir par la porte pendant que

LE RIDEAU TOMBE

Acte 2

Ceux qui auront trouvé le premier acte peut-être un peu vulgaire seront heureux d'apprendre que nous nous trouvons désormais sur la pelouse de la Maison Blanche. Un coin du bâtiment fait magnifiquement saillie devant nos yeux, et des marches conduisent à l'imposante porte battante d'une « entrée particulière ». A la fenêtre du bureau du président flotte un drapeau, et sur la marquise est inscrite la mention suivante :

MAISON BLANCHE
JERRY FROST, PRÉSIDENT

Et, si vous regardez avec suffisamment d'application à travers la fenêtre du bureau, vous verrez le président en personne, assis à son bureau.

Le parc, que borde un mur de briques blanches, n'a pas moins d'attraits. Il y a non seulement de la vigne vierge blanche, des fleurs blanches, un bel arbre blanc, une table et des chaises blanches, mais aussi, au-dessus du portail, une grande enseigne qui porte le nom du président en ampoules électriques.

Deux chatons blancs flânent sur le mur, jouissant du soleil de dix heures du matin. Sur la table, un perroquet blanc se balance dans une cage, et un chiot blanc, un fox-terrier pas plus grand que la main, occupe une des chaises.

Exactement. « N'est-ce pas ravissant ? » Avant d'entrer dans le Tourbillon de la Chose publique, nous vous laisserons observer la scène un moment.

Regardez ! Quelqu'un sort. C'est M. Jones, le célèbre politicien, à présent secrétaire particulier du président Frost. Il tient un balai blanc. Ayant régalé le chiot blanc d'un os parfaitement blanc, il commence à balayer les marches de la Maison Blanche. La porte s'ouvre, et Charlotte Frost entre en scène. Comme il convient à la Première Dame du pays, elle est vêtue de façon recherchée, à la pointe de la mode, ou de beaucoup de modes. Elle vient manifestement d'aller faire des courses – ses bras sont chargés de paquets —, mais a néanmoins jugé bon de se parer d'une fastueuse robe du soir, pourvue d'une interminable traîne ; de son grand chapeau à la Gainsborough pend une plume, presque jusqu'au sol.

Courtois, M. Jones la décharge de ses paquets.

CHARLOTTE
Brusquement.

Bonjour, monsieur Jones. Tout s'écroule ? *(M. Jones la regarde, surpris.)*

JONES
Se justifiant.

Ma foi, peut-être que le jupon...

CHARLOTTE
Un peu raide.

Je ne parlais pas de moi, que je sache. Je pensais à toutes les affaires publiques de mon mari.

JONES

Il est resté dans son bureau toute la matinée, madame. Beaucoup de gens attendent pour le voir.

CHARLOTTE
Soulagée.

J'avais entendu quelqu'un commander un extra, alors je m'étais dit que tout s'était écroulé.

JONES

Non, madame. Voilà un certain temps que le président n'a pas commis de grosse erreur. Bien sûr, un grand nombre de gens a protesté lorsqu'il a désigné le nouveau ministre des finances : son père est si vieux...

CHARLOTTE
Sur le ton de la confidence.

Si j'ai supporté cette famille toute ma vie, je pense que le pays pourra le faire.

JONES
Quelque peu gêné.

Vous avez été faire des courses, à ce que je vois.

CHARLOTTE

J'ai été acheter des choses pour la réception de mariage de ma sœur, cet après-midi.

La fenêtre du président s'ouvre brusquement. Emerge un cigare blanc, suivi par les sourcils chauves de Jerry, qu'il fronce passionnément.

JERRY

Continuez à crier et, quand j'aurai fait une épouvantable erreur qui fera s'effondrer le pays, vous n'oublierez pas de m'accuser !

CHARLOTTE
Pleine de patience.

Toujours à me harceler. A me picoter. Pic, pic, pic ! Vingt-quatre heures sur vingt-quatre !

JERRY

Bon Dieu, Charlotte, ce que tu peux être désagréable !

CHARLOTTE

Pic, pic, pic !

JERRY
Troublé.

Pic ?

CHARLOTTE
Cassante.

Pic !

Jerry ferme sa fenêtre.

Au même instant, de la fenêtre du dessus, émerge une main qui tient un miroir. La main est suivie par une tête dont la chevelure mouillée a été peignée en arrière. Doris, la belle-sœur du président, cherche de la lumière pour achever sa toilette du soir.

DORIS

Ton de désapprobation.

On vous entend laver votre linge sale jusqu'ici.

CHARLOTTE

Il n'arrête pas de me harceler.

DORIS

Elle commence à se passer une lotion blanche sur le visage. Elle s'en barbouille une tache de rousseur qu'elle a sur le nez, puis admire avec passion le pâté blanc qui en résulte. Abstraite.

Je pensais que tu t'arrangerais pour le supporter en public, tout de même.

CHARLOTTE

En public, il m'horripile encore plus qu'ailleurs.

Elle rassemble ses paquets et entre furieuse dans la Maison Blanche. Doris se penche, jette un coup d'œil sur M. Jones, puis, décidant tout d'un coup qu'elle se montre trop placide aux regards du public, se retire à nos regards.

Jones ramasse son balai et s'apprête à rentrer, quand un chauffeur en livrée ouvre le portail et annonce :

L'honorable Joseph Poisson, sénateur de l'Idaho.

Et voici Joseph Poisson, portant une gigantesque redingote et un haut-de-forme en soie, qui dégage un air de consternante prospérité.

POISSON

Bonjour, monsieur Jones. Ma fiancée est par là ?

JONES

Je crois qu'elle se trouve dans le boudoir, monsieur le sénateur. Comment ça va, dans notre capitale ?

POISSON

Mélancolique.

Monstrueux ! Je suis dans une position épouvantable, monsieur Jones. Et c'est aujourd'hui que devait avoir lieu ma réception de mariage. Ecoutez ça. *(Il sort un télégramme de sa poche.)* « Au sénateur Joseph Poisson, Washington. Veuillez présenter les compliments de l'Etat de l'Idaho au président Frost et lui faire savoir que le peuple de l'Idaho exige sa démission immédiate. »

JONES

C'est affreux !

POISSON

C'est parce qu'il a nommé son père ministre des Finances.

JONES

Cela le déprimera beaucoup.

POISSON

Et *moi ?* C'est aujourd'hui que devait avoir lieu ma réception de mariage. Que dira Doris lorsqu'elle apprendra que je dois demander à son beau-frère de... de quitter sa maison ?

JONES

Prenez un cocktail. *(Il prend un shaker et un verre derrière un pilier du porche, sert deux verres.)* Je le voyais venir. Mais laissez-moi vous le dire, sénateur Poisson : le président ne démissionnera pas.

POISSON

Alors, il sera de mon devoir de faire voter sa déposition.

JONES

Dois-je prévenir le président de votre arrivée ?

POISSON

Attendons onze heures. Donnez-moi une heure de bonheur de plus. *(Il lève pathétiquement les yeux vers la fenêtre.)* Doris, oh, Doris !

Doris, qui a fini de s'habiller et sous l'influence des cosmétiques, arrive dans le parc. M. Jones, ramassant le balai et le chiot, rentre dans la Maison Blanche.

POISSON
Jaloux.

Qu'as-tu fait de ta journée d'hier ?

DORIS
Languide.

Un ancien soupirant est venu me voir, et il a un peu traînassé.

POISSON
Vivement alarmé.

Mon Dieu ! Qu'est-ce qu'il a raconté ?

DORIS

Que j'étais au supplice d'avoir un beau-frère président. Alors je lui ai dit : « Et après ? Je n'aimerais pas être à ta place et avoir un beau-frère comme le tien. »

POISSON

Sous le charme.

C'est-à-dire ?

DORIS

Il tient une décharge publique.

POISSON

Encore plus sous le charme.

Non ? Tu ne pourrais pas attirer l'attention sur ce beau-frère ?

DORIS

C'est affreux. Jamais je ne le laisserais entrer chez moi. Imagine que quelqu'un vienne et se mette à renifler : « Mais qui s'est assis sur ces chaises ? » « Oh, ce n'est que mon beau-frère, l'homme qui tient la décharge publique. »

POISSON

Doris... Doris, quelque chose d'affreux vient de se produire...

DORIS

Regardant au-delà du portail.

Voilà Papounet. Dis, il doit bien approcher des quatre-vingts ou quatre-vingt-dix ans.

POISSON
Mélancolique.

Pourquoi a-t-il fallu que ton beau-frère le nomme ministre des Finances ? Il aurait aussi bien pu aller dans la première maison de retraite venue : « Hé là, j'aurais besoin de huit vieilles andouilles pour mon gouvernement. »

DORIS

Jerry fait tout de travers, tu sais. Il s'est dit que son père avait lu des quantités de livres, la Bible, l'encyclopédie, le dictionnaire et tout le reste.

Entre Papounet, chancelant. La prospérité l'a mis sur son trente et un, mais dans des proportions raisonnables : il n'a pas moissonné les poils de son visage, ses petits yeux aqueux miroitent comme d'habitude dans leurs ovales qui s'effondrent, sa bouche clapote en permanence, comme un lac aux marées doucement agitées par la lune.

POISSON

Bonjour, monsieur Frost.

PAPOUNET
Vague.

Mmm.

Il a l'impression d'avoir donné la réponse appropriée.

DORIS
Tolérante.

Papounet, permettez-moi de vous présenter mon fiancé : M. Poisson, sénateur de l'Idaho.

PAPOUNET
Expansif.

Très heureux, jeune homme. Quant à moi, je suis en pleine forme. On ne dirait pas que j'ai quatre-vingt-huit ans, non ?

POISSON
Poliment.

Loin de là.

DORIS

On pourrait vous en donner deux cents.

PAPOUNET
Qui n'a pas entendu.

Ouais. *(Long silence.)* Quand j'étais jeune, on avait cette blague : on disait que les premières Flotte étaient arrivées à l'automne.

DORIS

A mourir de rire.

PAPOUNET
À Poisson.

Lisez-vous les Saintes Ecritures ?

POISSON

Quelquefois.

PAPOUNET

Je suis ministre, vous savez. Mon fils m'a nommé ministre des Finances. C'est mon seul enfant, je l'ai eu de ma deuxième femme.

DORIS

Quelle andouille !

PAPOUNET

Je suis né en 1834, sous la présidence d'Andrew Johnson. Quand la guerre a éclaté, j'avais vingt-sept ans.

DORIS
Sarcastique.

La guerre d'Indépendance ?

PAPOUNET
Cinglant.

La guerre d'Indépendance a eu lieu en 1776.

DORIS

Ah tiens, je ne savais pas.

PAPOUNET

Plus vous vieillirez, plus vous vous rendrez compte qu'il y a quantité de choses que vous ne savez pas. *(A Poisson.)* Connaissez-vous mon fils Jerry ?

DORIS

Dégoûtée au plus haut point.

Mon Dieu !

POISSON

J'ai fait la connaissance de votre fils avant son élection, et je l'ai rencontré un grand nombre de fois depuis, en tant que sénateur de l'Idaho, et aussi à cause de Doris. Vous savez, notre réception de mariage devait avoir lieu cet après-midi...

L'esprit de Papounet commence à errer au milieu de cette phrase. Il émet un vague : « Mmm ! », *s'éloigne, sans plus prêter attention à rien, puis pousse la porte de la Maison Blanche, où il entre.*

POISSON

Impressionné malgré lui par le grand âge de Papounet.

Il a sûrement beaucoup d'expérience, ce vieux singe. Il est né bien avant toi.

DORIS

Comme un tas d'autres vieux toqués. Viens : nous allons retenir la musique pour la réception.

POISSON

Qui se rappelle quelque chose et sursaute.

Doris... Doris, accepterais-tu de donner une réception de mariage si tu apprenais... Si tu apprenais la désagréable tâche...

DORIS

Si j'apprenais quoi ?

POISSON

Rien. En tout état de cause, je serai encore heureux. *(il regarde sa montre)* pendant une heure.

Ils sortent par le portail du jardin.

Et maintenant, on voit le président Jerry Frost en personne qui s'éloigne de sa fenêtre et, une minute plus tard, sort de la Maison Blanche. Il porte une redingote de souple flanelle blanche et un grand haut-de-forme blanc. Sa lourde chaîne de montre, en or, permettrait d'amarrer un yacht. Il a en main une canne blanche à anneau d'or.

S'étant sensuellement frotté le dos contre un des piliers du porche, il traverse la pelouse à pas de loup. Sa main se pose sur la poignée du portail : à cet instant précis, M. Jones le hèle du porche.

JONES

Où allez-vous, monsieur le Président ?

JERRY
Mal à l'aise.

J'avais envie d'aller m'acheter un cigare.

JONES
Cynique.

Il ne me paraît pas très bon d'aller risquer votre vie pour un cigare, monsieur. *(Jerry s'assied d'un air las et pose son chapeau sur la table.)* Je suis désolé, mais il y a des ennuis dans l'air, monsieur. Ce que nous pourrions appeler l'affaire de l'Idaho.

JERRY

L'affaire de l'Idaho ?

JONES

L'Idaho a ordonné au sénateur Poisson d'exiger votre démission à onze heures.

JERRY

Je n'ai jamais raffolé du ramassis de gens qui habite là-bas.

JONES

J'ai pensé qu'il ne serait pas plus mal de vous le faire savoir, de sorte que vous puissiez y réfléchir.

JERRY
Plein d'espoir.

Peut-être qu'il va me venir une idée pour arranger ça. Je suis un homme plein de ressources. J'ai toujours quelque chose en tête.

JONES

Monsieur le Président, est-ce que... Cela vous embêterait de me raconter vos débuts ?

JERRY
Négligemment.

Oh, je me suis fait analyser, un jour, et on a découvert que j'étais un homme de valeur qui perdrait son temps à rester employé aux chemins de fer.

JONES

Et vous avez foncé.

JERRY

Eh oui. Je me suis tout simplement décidé à devenir président. Après quoi je me suis lancé, et je l'ai fait. J'ai de tout temps été un très ambitieux, comment dire ?... meneur d'hommes.

JONES

Il soupire et sort plusieurs lettres de sa poche.

Le courrier de ce matin.

JERRY

Regardant la première lettre.

Une réclame, j'en suis sûr. *(Il l'ouvre.)* « Comment mieux gagner sa vie en devenant mécanicien, chauffeur, plombier. Nous vous formons en douze leçons. » *(Il lève les yeux.)* Je me demande si c'est personnel. Auquel cas ce serait une plaisanterie de la plus basse espèce.

JONES

Apaisant.

Oh, je ne crois pas.

JERRY

Offensé.

Toute personne faisant des plaisanteries de cet ordre à un homme qui assume la responsabilité de la présidence mériterait de rencontrer quelqu'un qui lui en fasse une d'aussi basse et d'aussi méchante !

JONES

Je leur enverrai une réponse désagréable.

JERRY

Très bien. Mais faites-la du genre désinvolte, comme si cela m'était égal.

JONES

Au lieu de « Chers Messieurs », je pourrais commencer par « Chers Miteux ».

JERRY

C'est ça. Et finissez par quelque chose du même goût.

JONES

« Avec nos salutations les moins distinguées », par exemple... Plusieurs personnes attendent d'être reçues, monsieur. *(Il prend une liste.)* Pour commencer, un homme qui a été condamné à être pendu.

JERRY

Et qui désire ?

JONES

Je pense qu'il veut arranger l'affaire de façon à ne pas l'être. Il y a aussi un homme qui a trouvé un procédé pour teindre en vert tous les habitants des Etats-Unis.

JERRY

Déconcerté.

En vert ?

JONES

A ce qu'il dit.

JERRY

Et pourquoi en vert ?

JONES

Il ne l'a pas dit. Je lui ai conseillé de ne pas attendre. Il y a également l'ambassadeur d'Abyssinie. Il prétend qu'un de nos marins en permission a précipité le cousin du roi en bas d'un escalier de trente-neuf marches.

JERRY

Après un silence.

Que me conseillez-vous ?

JONES

Eh bien, je pense que vous devriez... euh, envoyer des fleurs, par exemple, pour plus ou moins reconnaître que la chose a eu lieu.

JERRY

Quelque peu effrayé.

Le cousin du roi est blessé ?

JONES

Ah, naturellement, il...

JERRY

Je n'entendais pas « blessé » dans ce sens-là. Je voulais dire : est-il... l'a-t-il mal pris ? A-t-il pensé que l'acte du marin procédait d'une mauvaise intention de la part du gouvernement des Etats-Unis ?

JONES

Ma foi, je dirais que oui.

JERRY

Précisez-lui que ce marin n'avait reçu aucune instruction pour agir de la sorte. Ordonnez au marin de démissionner.

JONES

Le général Pushing vous attend depuis un certain temps. Le prierai-je d'entrer ?

JERRY

Faites.

Jones entre dans la Maison Blanche et en revient, annonçant : « Le général Pushing ! »

Arrive au pas cadencé le général Pushing. A trois pas suivent un fifre et un tambour, qui jouent une marche entraînante. Lorsque le général arrive à la table du président, le trio fait halte, le fifre et le tambour cessent de jouer, et le général salue.

Ce général est un petit homme gras, qui porte une redoutable moustache grise. Des médailles, en nombre honnête, dissimulent sa poitrine et son dos, il porte un grand shako de tambour-major.

JERRY

Bonjour, mon général. J'espère que nous ne vous avons pas fait attendre ?

LE GÉNÉRAL
Féroce.

Peu importe. Nous avons marqué le pas. C'est bon pour les muscles.

JERRY

Comment va l'armée ?

LE GÉNÉRAL

Très bien, monsieur le Président. Plusieurs hommes du rang se plaignent de maux de tête. *(Il s'éclaircit solennellement la voix.)* Si j'ai demandé audience, c'est que je crains que nous ne devions entrer en guerre. La nuit dernière, j'ai tenu une conférence avec deux de nos meilleurs généraux. Après avoir étudié la question de fond en comble, nous sommes passés au vote : trois voix à zéro pour la guerre.

JERRY
Alarmé.

J'ai déjà un tas d'affaires sur les bras, mon général, et je n'ai vraiment pas besoin d'une guerre.

LE GÉNÉRAL

Je savais que les choses ne marchaient pas si bien que ça avec vous, monsieur le Président. En fait, j'ai toujours pensé que ce qu'il faudrait pour gouverner ce pays, c'est un soldat. Le peuple ne tient pas en place. Le meilleur moyen de lui occuper l'esprit, c'est une bonne guerre. Elle laissera le pays affaibli, ébranlé, mais docile, monsieur le Président. Qui plus est, nous avons voté. Et voilà.

JERRY

Une guerre contre qui ?

LE GÉNÉRAL

Ça, nous ne l'avons pas encore décidé. Nous arrêterons les détails ce soir. Cela dépend de... tout simplement de la somme d'argent disponible au Trésor public. Pourriez-vous convoquer votre... *père (le général met au mot un accent ironique)* et vous renseigner ?

Jerry décroche le téléphone blanc qui est posé sur la table. Pendant ce temps, Jones apporte le shaker et des verres. Il sert un cocktail à chacun, y compris au fifre et au tambour.

JERRY
Au téléphone.

Passez-moi le ministère des Finances, s'il vous plaît... Les Finances ?... Ici le président Frost... Oh, très bien, je vous remercie. Non, ça va mieux. Bien mieux.

D'après le dentiste, il n'y a pas encore besoin de me l'arracher... Dites, je vous appelle pour savoir combien il reste d'argent au Trésor... Ah, je vois... Merci. *(Il raccroche. Embêté :)* Mon général, les choses ont l'air un peu embrouillées, aux Finances. Papounet... le ministre des Finances n'est pas là pour l'instant, et on me dit que personne d'autre n'a de renseignements sur la question.

LE GÉNÉRAL
Désapprobateur.

Hum ! Je peux vous monter une jolie guerre à très bon marché. Pour trois fois rien, je vous arrange une bataille. *(Avec une impatience grandissante.)* N'empêche qu'un bon président devrait être capable de dire sur quelle somme nous pouvons compter.

JERRY
Accablé.

Je demanderai à Papounet.

LE GÉNÉRAL
L'air entendu.

La présidence est une charge sacrée, monsieur Frost.

JERRY

Je le sais, que c'est une chose sacrée, il me semble ?

LE GÉNÉRAL
Sévère.

En êtes-vous fier ?

JERRY
Manifestement découragé.

Bien sûr que oui. N'en ai-je pas l'air ? Je suis fier comme un paon. *(Amer.)* Que savez-vous de nous, après tout ? Vous n'êtes qu'un simple soldat. Je voulais dire un simple général.

LE GÉNÉRAL
Avec pitié.

Monsieur Frost, je suis venu vous aider. *(Avec une insistance menaçante.)* Peut-être a-t-on porté à votre connaissance que l'Etat souverain de l'Idaho s'apprête à demander votre démission.

JERRY
À présent complètement amer.

Puisque vous savez si bien les choses, mettez-vous un instant à la place du président.

LE GÉNÉRAL
Content de lui.

J'ai souvent pensé que ce qu'il faudrait pour gouver ner ce pays, c'est un soldat.

JERRY

Très bien : enlevez votre veste et votre shako !

Jerry enlève lui-même sa veste. Jones, alarmé, se précipite.

JONES

S'il doit y avoir une bagarre, ne ferions-nous mieux pas d'aller dans la salle de billard ?

JERRY
Instamment, au général Pushing.

Enlevez votre veste et votre shako !

LE GÉNÉRAL
Consterné.

Mais, monsieur le Président...

JERRY

Si je suis le président, faites ce que je vous demande.

Obéissant, le général Pushing détache son sabre, enlève sa veste et son shako. Pliant les jambes et levant les poings, il commence une danse d'intimidation autour de Jerry.

Au lieu de se mettre en position de combat, Jerry enfile à toute vitesse la veste du général, met le shako et attache le sabre.

JERRY

Puisque vous en savez tellement sur la fonction de président, mettez ma veste, mon chapeau, et essayez-vous-y un peu.

Le général, grandement déconcerté, porte un regard effrayé sur Jerry, puis sur sa veste. Jerry va et vient sur la pelouse, l'air avantageux, brandissant le sabre. Plein de dégoût, son regard tombe sur le général en manches de chemise.

JERRY

Alors, qu'est-ce qu'on rumine ?

LE GÉNÉRAL
D'un ton plaintif.

Allons, monsieur le Président, soyez raisonnable. Rendez-moi ma veste et mon shako. Personne n'apprécie les bonnes plaisanteries plus que moi, mais...

JERRY
Énergique.

Non, je ne vous les rendrai pas. Je suis général, et je vais à la guerre. Vous pouvez rester ici. *(A M. Jones, d'un ton sarcastique.)* Monsieur Jones, il remettra les affaires de l'Etat en ordre.

LE GÉNÉRAL
Implorant.

Monsieur le Président, j'ai attendu cette guerre pendant quarante ans : vous n'allez pas me priver de ma veste et de mon shako au moment où nous la tenons !

JERRY
Montrant du doigt ses manches de chemise.

Joli tenue, pour se promener dans la présidence.

LE GÉNÉRAL
Hoquetant.

Qu'est-ce que j'y peux ? Qui m'a pris ma veste et mon shako ?

JERRY

Si ça ne vous plaît pas, vous pouvez partir.

LE GÉNÉRAL
Sarcastique.

Mais oui. Joli potin, si je revenais dans cet état au ministère de la Guerre. « Où sont votre veste et votre shako, mon général ? » « Oh, j'avais envie de venir en chemise, ce matin. »

JERRY

Vous pouvez garder et ma veste, et mes tracas.

Charlotte sort soudain de la Maison Blanche. Ils tournent vers elle des regards alarmés, à la façon d'écoliers pris en faute.

CHARLOTTE
Regardant fixement la scène.

Que se passe-t-il ? Tout s'écroule ?

LE GÉNÉRAL
Au bord des larmes.

Il m'a pris mon shako et ma veste.

CHARLOTTE
Désignant le général.

Qui est cet homme ?

LE GÉNÉRAL
Avec un gémissement lugubre.

Le général Pushing, voilà qui je suis.

CHARLOTTE

Je ne vous crois pas.

JERRY
Mal à l'aise.

Si, Charlotte. Je le faisais un peu marcher.

CHARLOTTE
Qui comprend immédiatement.

Oh, tu es encore en train de harceler le monde.

JERRY
Commençant à déboutonner sa veste.

C'est le général qui me harcelait, Charlotte. Je ne faisais que lui donner un cours... N'est-ce pas, mon général ?

Il s'arrache la veste du général et remet la sienne à toute vitesse. Le général, grognant de soulagement et de rage, remet ses vêtements militaires.

JERRY
Perdant confiance sous le regard fixe de Charlotte.

Franchement, tout me porte sur les nerfs. Il y a d'abord eu cette école de cours par correspondance qui me fait des blagues, et puis lui *(il désigne le général)* qui est arrivé, et puis les gens de l'Idaho...

CHARLOTTE
Les sourcils levés.

Si tu veux mon avis, je crois que tout s'écroule.

JERRY

Mais non, Charlotte. Je vais tout remettre en ordre. Je tiens fermement les choses en mains. N'est-ce pas, monsieur Jones ? Il y a que je suis un peu nerveux, rien de plus.

LE GENERAL

À présent complètement reboutonné, au physique et au moral.

A mon sens, monsieur, vous êtes quelqu'un de très dangereux. J'ai servi sous huit présidents, mais je n'avais jamais perdu ma veste et mon shako. Je vous souhaite le bonjour, monsieur le Président. Vous aurez bientôt de mes nouvelles.

A son salut, le fifre et le tambour commencent à jouer. Le trio procède à un demi-tour, puis l'escorte, à trois pas, suit le général qui passe le portail.

Jerry les suit du regard, mal à l'aise.

JERRY

Tout le monde me dit que j'aurai bientôt de ses nouvelles. On veut me virer de ce boulot, c'est tout simple. Et on s'imagine que je ne m'en rends pas compte.

JONES

Le peuple vous a élu, monsieur le Président. Et le peuple vous aime. Excepté le peuple de l'Idaho.

CHARLOTTE
Inquiète.

Ne pourrais-tu pas te mettre à l'abri en te rétrogradant à la vice-présidence, ou un truc comme ça ?

UN CRIEUR DE JOURNAUX
À l'extérieur.

Edition spéciale ! Edition spéciale ! L'Idaho menace · « Démission ou destitution ! »

JERRY

Ce crieur de journaux hurlait quelque chose à mon sujet ?

CHARLOTTE
D'un ton méprisant.

Il ne t'a même pas mentionné.

En réponse à un sifflement de M. Jones, un crieur de journaux d'âge adulte entre par le portail. Il tend un journal à Jerry, qui lui donne un billet de banque.

JERRY
Désinvolte.

Gardez la monnaie. J'ai un gros salaire.

LE CRIEUR DE JOURNAUX

Désignant du doigt le frac de Jerry.

J'ai failli en avoir un comme ça, une fois.

JERRY

Non sans contentement.

J'en ai six.

LE CRIEUR DE JOURNAUX

M'avaient d'mandé d'en mettre un pour recevoir mon diplôme du Ku Klux Klan. Mais j'en ai pas trouvé.

JERRY

Absorbé par sa lecture.

J'en ai six.

LE CRIEUR DE JOURNAUX

Et moi aucun. Bien obligé. Salut.

Il sort.

JONES

Qui lit par-dessus l'épaule de Jerry.

« L'Idaho piétine les décisions des Finances. »

CHARLOTTE
Les yeux écarquillés.

Ça veut dire qu'ils vont piétiner Papounet ?

JONES
Regardant sa montre.

Le sénateur Poisson va arriver d'un moment à l'autre.

CHARLOTTE

Tout ce que je sais, c'est que je ferais preuve de cran et que je ne me laisserais pas virer, *moi*. Même si j'étais le plus mauvais président de l'histoire des Etats-Unis.

JERRY

Tu n'as pas besoin de me le rappeler toutes les cinq minutes.

CHARLOTTE

Je ne te l'ai pas rappelé. Je l'ai mentionné d'un ton de voix extrêmement banal.

Elle retourne à la Maison Blanche. Hésitant, le sénateur Poisson arrive par le portail.

JERRY
À Jones.

Voici le sénateur de l'Idaho.

POISSON

Timidement.

Bonjour, monsieur le Président. Comment allez-vous ?

JERRY

Oh, très bien.

POISSON

Montrant précipitamment un télégramme et marmonnant.

Un petit machin, là, une tâche désagréable. Veux m'en débarrasser aussi vite que possible. « Au sénateur Poisson, Washington. Veuillez présenter les compliments de l'Etat de l'Idaho au président Frost et lui faire savoir que le peuple de l'Idaho exige sa démission immédiate. » *(Il plie le télégramme et le range dans sa poche.)* Je crois qu'il faut que j'y aille, monsieur le Président. *(Il se dirige vers le portail, hésite.)* Cela aurait dû être le jour de ma réception de mariage. Il va de soi que Doris ne voudra plus m'épouser, à présent. Cela me déprime beaucoup, Président Frost. *(La main sur la poignée du portail.)* Je suppose que je dois répondre que vous ne démissionnerez pas ?

JONES

Nous ne démissionnerons pas.

POISSON

Alors, il n'est que juste de vous avertir que le juge

Fossile, de la Cour suprême, vous apportera un acte de destitution à trois heures de l'après-midi.

Il lance un regard mélancolique vers la fenêtre de Doris. En un tragique geste d'adieu, il lance un baiser, puis sort.

Jerry regarde M. Jones comme s'il cherchait de l'encouragement.

JERRY

Ils ne savent pas qui ils affrontent, n'est-ce pas, monsieur Jones ?

JONES

Certainement pas.

JERRY

Mentant, au désespoir, et ne parvenant même pas à se convaincre lui-même.

J'ai des ressources dont ils n'ont pas idée.

JONES

Si vous me permettez de faire une suggestion, monsieur le Président, je crois que le mieux serait d'exiger la démission immédiate de votre père.

JERRY

Incrédule.

Renvoyer Papounet ? Il travaillait dans une banque,

quand il était jeune, et il sait tout ce qu'il y a à savoir sur l'argent. *(Un silence, puis, hésitant :)* Pensez-vous que je sois le plus mauvais président de l'histoire des Etats-Unis ?

JONES
Considérant la chose.

Ma foi non : il y en a eu un de destitué.

JERRY
Se consolant lui-même.

Et puis il y a eu cet autre type, j'oublie son nom. Il était ter-rible. *(Autre silence désolé.)* Je crois que je ferais aussi bien d'aller m'acheter un cigare.

JONES

Il ne reste plus qu'une personne qui demande audience. C'est un homme qui dit être venu vous rendre un service. Il s'appelle... Son Excellence, M. Snouuuks, ou Snouks, ambassadeur de Pologne irlandaise.

JERRY

Qu'est-ce que c'est que ce pays-là ?

JONES

La Pologne irlandaise est un des nouveaux pays d'Europe. Ils ont pris les territoires en vrac qui ne servaient à personne et en ont fait un pays. Ça comprend deux ou trois hectares de Russie, une paire de mines en Autriche plus quelques parcelles de Bulgarie et de Turquie.

JERRY

Introduisez-les tous.

JONES

Ça n'en fait qu'un. *(Il entre dans la Maison Blanche et en ressort aussitôt.)* Son Excellence, M. Snouuuks ou Snouks, ambassadeur des Etats-Unis de Pologne irlandaise.

Son Excellence, M. Snooks arrive par une porte battante. Sa ressemblance avec M. Snooks, le contrebandier, est pour le moins stupéfiante. Cependant, ses vêtements... Ce sont ceux du corps diplomatique. Des bas rouges enserrent ses mollets, se transformant au-delà des genoux en une culotte de satin noir. Sa veste, il faut bien que je le dise, rappelle vaguement celle de l'Ordre des Pèlerins mystiques, encore qu'un large ruban rouge qui barre sa poitrine en diagonale donne à la partie supérieure de son corps une allure tout à la fois svelte et cosmopolite.

Il arrive avec lenteur, on pourrait dire cynisme, et, après un bref signe de tête à Jerry, examine les lieux d'un regard approbateur.

Jones se rend à la table et commence à écrire.

SNOOKS

Trouvé une belle maison, pas ?

JERRY

Encore accablé par ses récents revers.

Ouais.

SNOOKS

Blanche, hein ?

JERRY

Comme s'il venait de s'en rendre compte.

Ouais, blanche.

SNOOKS

Après un silence.

Salissant.

JERRY

Adoptant le même ton laconique.

L'ai fait nettoyer.

SNOOKS

Comment va vot' dame ?

JERRY

Mal à l'aise.

Bien. Un cigare ?

SNOOKS
Prenant le cigare qu'il lui tend.

Merci.

JERRY

De rien. J'en ai plein.

SNOOKS

Ça c'est du cigare.

JERRY

J'en ai plein. Ce n'est pas ce que je fume, mais j'en ai plein.

SNOOKS

Epatant.

JERRY
Vantard.

Vous voyez cet arbre ? *(L'arbre blanc.)* Eh bien, c'est un arbre exceptionnel. Vous n'en verrez pas deux pareils. Moi seul en possède un. Il m'a été offert par un groupe de compatriotes.

SNOOKS

Epatant.

JERRY

Vous voyez cette canne ? L'anneau qui l'entoure est en or massif.

SNOOKS

Ah bon ? J' pensais que ça servait à faire peur aux écureuils. *(Brutalement.)* Besoin d'alcool ? Comme ambassadeur, savez, j' peux m'en procurer plein. Gin, vermouth, bitter, absinthe ?

JERRY

Non, je... Vous voyez cette enseigne ? Je parie que vous n'en avez jamais vu de pareille. C'est moi qui l'ai inventée.

SNOOKS
Que cela ennuie.

Classe. *(Changeant de sujet.)* J'ai entendu dire que vous avez nommé vot' père ministre des Finances.

JERRY

Mon père a travaillé dans...

SNOOKS

Z'auriez dû le nommer Père Noël d'Etat... Comment on s'en tire, de ce boulot ?

JERRY
Mentant.

Oh, très bien, très bien ! Vous auriez dû voir le défilé militaire qu'on m'a organisé la semaine dernière : des milliers de soldats, et tout le monde qui lançait des hourras en me voyant. *(Ardent.)* C'était plutôt exaltant.

SNOOKS

J' vous ai vu planter des arbres, aux actualités.

JERRY
Avec agitation.

J'en plante presque tous les jours. Et ça n'est rien comparé à des tas d'autres choses que j'ai à faire. Je dois reconnaître qu'aucune ne m'emballe outre mesure. Vous voyez ce portail ?

SNOOKS

Ouais.

JERRY
À présent parfaitement heureux, comme un enfant.

C'est moi qui l'ai fait faire, pour que les passants puissent regarder au travers. Ça leur fait plaisir, vous comprenez ? Quelquefois, je viens m'asseoir ici pour que, si quelqu'un passe... eh bien, je suis là.

SNOOKS
Sarcastique.

Vous d'vriez vous r'couvrir de radium pour qu'on puisse vous voir la nuit. *(Il change de ton et revient aux affaires.)* Vous avez de la chance de m'avoir rencontré, ce matin. Z'avez l'heure ? *(Jerry sort sa montre. Snooks la prend, comme pour l'examiner de plus près.)* Ecoutez-moi bien, monsieur le Président. J'ai un truc épatant pour vous.

JERRY
S'efforçant de paraître passionné.

Voyons ça.

SNOOKS

C'est pas parce que j' suis cent pour cent polonais-irlandais que j' rends pas service de temps à autre. J'ai pour vous un petit truc bien pépère. *(Il range la montre de Jerry dans sa poche. Le culot de cet homme !)*

JERRY

De quoi s'agit-il ?

SNOOKS
Sur le ton de la confidence.

Les îles.

JERRY

Quelles îles ?

SNOOKS

Les îles de la Buse. *(Jerry semble déconcerté.)* Z'avez jamais entendu causer des îles de la Buse ?

JERRY
Apologétique.

Je n'ai jamais été bon en géographie. J'étais bon en écriture.

SNOOKS
Horrifié.

Z'avez jamais entendu causer des îles de la Buse ?

JERRY

C'est un nom qui n'est pas très heureux.

SNOOKS

Iles de la Buse. Propriété de la Pologne irlandaise. Nombreux jardins. Paradis fleuri au milieu de l'Atlantique. Iles arc-en-ciel, tout doux tout sucre, palmiers et pins, embaumant d' l'odeur des arbres et des épices les plus rares. Plein d'animaux à fourrure pour milliardaires et d'oiseaux qu'ont des plumes à faire perdre la boule aux chapeautées de la Cinquième

Avenue. Les gens d' ces îles, chiquement mis, costauds, carrés, busardistes cent pour cent.

JERRY
Il sursaute.

Vous voulez dire Busardiens ?

SNOOKS

Busardistes, toqués d'leur île, d'son beurre, d'son lait, d'son bétail, d'ses femmes et d'ses industries.

JERRY
Fasciné.

Ça ne paraît pas mal, non ?

SNOOKS

Pas mal ? Eh, c't' impec ! Voici ma proposition, et retenez-la, c'est du bon. *(Imposant.)* L'Etat de Pologne irlandaise vous vend les îles de la Buse. Pour pas cher.

JERRY
Impressionné.

Vous voulez les vendre ?

SNOOKS

Ecoutez. J'vais être honnête. *(Je suis au regret de dire que, à cet instant, il se penche sur Jerry, lui enlève son épingle à cravate et la plante dans sa cravate à lui.)* C'est la proposition la plus épatante qu'on ait faite à un président d'puis qu'Andrew Jackson a acheté aux Anglais la population de l'Irlande.

JERRY

Vrai ?

SNOOKS
Résolu.

Acceptez, Président, sautez dessus. Sacrément pas cher.

JERRY

Etes-vous sûr que ce soit une bonne...

SNOOKS
Indigné.

Vous pensez p't-êt' qu'un ambassadeur vous raconterait des craques ?

JERRY
« D'homme à homme. »

C'est juste, monsieur Snooks. Je vous prie de m'excuser.

SNOOKS

Portant un mouchoir à ses yeux.

Vous me blessez, Prési, mais j'vous pardonne.

Ils se serrent chaleureusement la main.

Et voici que Jerry a une idée. Une somptueuse idée. Pourquoi n'y avait-il pas pensé avant ? Pendant qu'il expose son plan à Snooks, sa voix tremble positivement.

JERRY

Excellence, écoutez-moi bien. Voici ce que je vais faire. Je vais... je prends ces îles et je vous les paye, disons... un million tout rond, mais à une condition.

SNOOKS

Rapidement.

Tope là. Dites laquelle.

JERRY

Le souffle court.

Que vous m'autorisiez à ajouter un Etat à la transaction.

SNOOKS

Quel Etat ?

JERRY

L'Idaho.

SNOOKS

Combien en demandez-vous ?

JERRY
Très vite.

Oh, je vous le fais gratis.

SNOOKS
Il désigne M. Jones du pouce.

Dites-y de l'écrire.

Jones prend un stylo-plume. Durant la conversation qui va suivre, il écrira activement.

JERRY
Anxieux.

L'Etat de l'Idaho est un cadeau, n'est-ce pas ? Mais vous *devez* l'accepter.

Soudain, Son Excellence, M. Snooks se rend compte que l'Etat lui ment. Il regarde attentivement Jerry, émerveillé d'avoir une pareille chance à portée de la main.

JERRY
À Jones.

Prenez note. Nous acceptons d'acheter les îles de la

Buse à la nation polono-irlandaise pour la somme d'un million...

SNOOKS
Il l'interrompt.

Deux.

JERRY

De deux millions de dollars, à condition que la Pologne irlandaise incorpore à son territoire l'Etat de l'Idaho et tous ses habitants. Faites bien attention de noter cela, Jones. Et tous ses habitants.

JONES

C'est noté. L'Etat de l'Idaho et quatre cent trente et un mille huit cent soixante-six personnes. Y compris les gens de couleur ?

JERRY

Y compris les gens de couleur.

SNOOKS
Astucieux.

Une minute, Prési. Cet Etat de l'Idaho, i's'compose surtout de montagnes, non ?

JERRY
Anxieux.

Je ne sais pas. Est-ce le cas, monsieur Jones ?

JONES

Il comprend en effet quelques montagnes.

SNOOKS
Hésitant.

Je m' demande si on f'rait pas mieux...

JERRY
Rapidement.

Trois millions.

SNOOKS

Laissez-moi vous l'dire, Prési : si y avait qu' vous, je bouclerais l'affaire, mais enfin vous comprenez qu'un Etat comme ça a besoin d'être bichonné. Prenez une de ces montagnes : on peut pas la laisser à elle-même, comme, euh... un océan. Faut... l'entretenir. Faut... l'aménager. Faut l'explorer. Tiens, rien que ça : l'explorer.

JERRY
Avalant sa salive.

Quatre millions.

SNOOKS

Ça se met à ressembler à quelque chose. Y a aussi que les îles de la Buse, on n'a pas besoin de s'en occuper. Y a qu'à les laisser vivre. Mais pensez à l'entretien d'un machin comme l'Idaho.

JERRY
Se frottant les sourcils.

Cinq millions.

SNOOKS

Vendu ! A vous les îles de la Buse, à nous cinq millions plus l'Idaho.

JERRY

C'est noté, Jones ?

SNOOKS

Toute réflexion faite...

JERRY
Il panique.

Non, non et non, vous ne sortirez pas de là. C'est écrit noir sur blanc.

SNOOKS
Qui se résigne.

C'est bon. J' dois dire que vous êtes un dur, monsieur

le Président. La première fois que j'vous ai vu j'l'aurais pas imaginé, mais vous m'avez agréablement surpris.

Il tape chaleureusement Jerry dans le dos. La résolution du problème de l'Idaho enchante tellement Jerry qu'il serre la main de Snooks avec ferveur.

SNOOKS

Et si la Pologne irlandaise s'excite sur not' contrat, on s'en débrouillera. Vous et moi on est pas des politiciens, hé mon gars ? On est des hommes d'Etat, des vrais hommes d'Etat. Z'auriez pas une cigarette ?

Jerry lui tend son étui à cigarettes. Snooks, en ayant pris une, range l'étui dans sa poche.

JERRY
Enthousiaste.

Envoyez-moi une carte postale, Monsieur l'ambassadeur. A la Maison Blanche, en ville. Ça arrivera.

SNOOKS

Une carte postale ! Arrêtez un peu ! Vous et moi on est potes. Je f'rais n'importe quoi pour un pote. Venez avec moi au tabac du coin, je vous paye un cigare.

JERRY
À M. Jones.

Je crois que je peux aller faire un tour, maintenant.

JONES

Oh, oui.

JERRY

Ne quittez pas ce traité d'une semelle. J'y pense, quand le ministre des Finances se lèvera, dites-lui que j'ai besoin de cinq millions de dollars sur-le-champ.

JONES

Si vous vouliez monter un instant à votre bureau, vous pourriez le contresigner tout de suite.

Jerry et Son Excellence, M. Snooks, entrent dans la Maison Blanche bras dessus, bras dessous, suivis par M. Jones. On peut désormais voir Jerry par la fenêtre du bureau du président.

Un instant plus tard, la porte battante s'écarte à nouveau, pour faire place à une chancelante sortie de Papounet.

Non sans difficulté, Papounet s'installe au soleil. Il s'apprête pour sa sieste du matin ; au moment où il finit d'étaler son mouchoir sur son visage, Doris arrive par le portail. Son regard tombe sur lui : une impitoyable résolution est née. Papounet, la voyant s'approcher, grogne d'avance.

DORIS

Papounet, il faut que je vous parle. *(Papounet, d'un air las, bat des paupières.)* Papounet, j'ai quelque chose à vous dire, pour votre bien et pour le bien de Jerry. Vous voulez qu'il garde sa situation, n'est-ce pas ?

PAPOUNET

Jerry est un bon garçon. Ma deuxième femme me l'a fait en dix-huit cent...

DORIS

Elle l'interrompt impatiemment.

Je sais. Je parle d'aujourd'hui.

PAPOUNET

Non, je ne veux pas d'autres enfants. C'est difficile de les élever comme il faut.

C'était dit à l'intention de Doris.

DORIS

Ecoutez-moi, Papounet. Je pense qu'il faudrait vraiment que vous démissionniez.

PAPOUNET

Que... ?

DORIS

Vous êtes trop vieux, si vous voyez ce que je veux dire. Vous êtes un peu... oh, pas fou, mais faible d'esprit.

PAPOUNET

Qui a entendu un mot.

En effet, je suis un peu faible. *(Il s'assoupit.)*

DORIS
Absorbée par son idée.

Je ne veux pas du tout dire que vous êtes fou. Ne vous mettez pas en colère : je ne veux pas dire que vous vous promenez partout en vous prenant pour Napoléon, un œuf poché ou quelque chose de ce genre, mais vous êtes un peu faible d'esprit. Ne le comprenez-vous pas de vous-même ? C'est assez simple.

PAPOUNET
S'éveillant brusquement.

Comment ?

DORIS
Furieuse.

C'est ce que je disais ! S'endormir au moment même où on essaie de vous expliquer quelque chose pour le bien de votre fils. *Exactement* ce que je disais !

PAPOUNET
Embarrassé mais lui en voulant quand même.

Je ne vous aime pas. Vous êtes une jeune fille très effrontée. Il est manifeste que vos parents vous ont très mal élevée.

DORIS
D'un ton prétentieux.

Mais oui. Vous finissez de me persuader que j'ai

raison. Continuez. Ne vous préoccupez pas de moi. Continuez. Et quand vous commencerez à délirer pour de bon, j'appellerai l'ambulance de l'asile de fous.

PAPOUNET
Cérémonieusement froid.

Je vous prierai de m'excuser. *(Il compte aller dormir.)*

DORIS

Pour commencer, vous allez sortir l'argent du Trésor, le cacher quelque part et oublier où vous l'avez mis.

PAPOUNET
Succinct.

Il n'y a plus un sou, au Trésor.

DORIS
Après un silence stupéfait.

Ce qui signifie exactement ?

PAPOUNET
Somnolent.

Il n'y a plus un sou au Trésor. Hier matin il restait sept mille dollars, mais j'ai travaillé toute la journée, et il n'y a plus le moindre centime.

DORIS

Vous êtes fou.

PAPOUNET

Il reste à grand-peine éveillé.

Mmm.

DORIS

Ecoutez-moi ! Qu'êtes-vous en train de m'expliquer ? Que vous avez été dépenser cet argent, qui ne vous appartient pas, je vous le signale, avec une fille ?

PAPOUNET

Comme d'habitude, il n'entend presque rien.

Oui, plus rien. Je me suis levé hier matin en me disant : « Horace, il ne te reste que sept mille dollars, tu travailleras jusqu'à la nuit s'il le faut pour t'en débarrasser. » Ce que j'ai fait.

DORIS

Furieuse, mais intimidée par l'ampleur du crime.

Combien y avait-il au départ ?

PAPOUNET

Au départ ? Je n'ai pas les chiffres sur moi.

DORIS

Espèce d'andouille ! Quand je pense qu'un vieillard de votre âge, qui n'a rien eu d'autre à faire pendant vingt ans que de rester assis à *penser*, s'entiche d'une femme ! A votre âge ! *(Avec une pitié méprisante.)* Ne voyez-vous pas qu'elle vous mène en bateau ?

PAPOUNET

Agitant l'index.

Vous ne devriez pas parler de cette façon. Soyez polie, et...

DORIS

Et d'ici peu on verra arriver une bonne femme, avec qui vous serez aussi *poli* qu'il y a d'argent au Trésor.

PAPOUNET

C'est une chose qui m'a toujours été très utile. Ma mère me disait : « Horace... »

DORIS

Qui ne prête pas attention à ce qu'il dit.

Comment s'appelle-t-elle ?

PAPOUNET

Roxanne.

DORIS

Où vous a-t-elle mis le grappin dessus ?

PAPOUNET

Ma mère ?

DORIS

Votre maîtresse.

PAPOUNET

Elle m'a dit : « Horace... »

DORIS

Elle vous a sans doute dit bien d'autres choses ! Je le sais, comment elles s'y prennent avec les vieillards comme vous. Je l'ai souvent vu faire. Ce qui séduit les vieillards comme vous, c'est la sensiblerie.

PAPOUNET

Non. Je disais : la politesse.

DORIS

Et vous pensiez sensiblerie. Comment vous appelle-t-elle ? Mon vieux minou ? Tous ces trucs-là ? C'est dégoûtant !

Jerry arrive, juste à temps pour entendre la pro-

chaine remarque de Papounet, et se rendre compte qu'il y a de la persécution dans l'air.

PAPOUNET
À Doris.

Il fait très chaud aujourd'hui, aussi vous prierai-je de bien vouloir m'excuser. Je ne vous ai jamais aimée, vous savez.

JERRY

Pourquoi ne peux-tu jamais laisser Papounet tranquille, Doris ? Il a des choses plus importantes à penser que tes nouvelles robes et tes bas de soie.

DORIS

Plus importantes que des bas de soie, vraiment ? Demande-le-lui !

JERRY

Il a bien plus de qualités qu'on ne lui en reconnaît, n'est-ce pas, Papounet ?

DORIS
Excitée.

Ouais, ouais. Et allez. Attends un peu d'apprendre ce qu'il a fait. Attends un peu. *(A Papounet.)* Dites-lui ce que vous avez fait, à votre âge. Une femme est venue le voir et lui a dit : « Horace... » *(Elle donne une interpré-*

tation hautement impressionnante de la femme passionnée.)

Et lui, il a répondu : « Voici... »

JERRY

Il l'interrompt.

Quelle femme ?

DORIS

Elle s'appelle Roxanne. Demande-lui où se trouve l'argent du Trésor. A son âge.

JERRY

De plus en plus alarmé.

Ecoute, Doris...

DORIS

Cette vieille andouille ! Je retire ce que j'ai dit : vous êtes réellement fou. *(A Jerry.)* Attention, il va commencer à délirer. *(Elle feint de s'inquiéter.)* Mais oui, Papounet, vous êtes un œuf poché. Tout va bien. Je vais demander l'ambulance de l'asile.

PAPOUNET

J'ai travaillé dans le noir. Je pensais qu'il valait mieux.

DORIS

Epargnez-nous ces détails dégoûtants. Je vous prie de penser à mes fiançailles. Vous avez dû lui offrir tout ce qu'il était possible d'acheter. Pas étonnant que je n'aie pas pu trouver une seule paire de jolis souliers dans tout Washington. Jerry aurait dû vous faire analyser.

Jerry commence à se rendre compte que quelque chose d'effroyable s'est produit. Il s'assied mollement.

PAPOUNET

J'ai travaillé dans le noir.

DORIS

Eh bien, Jerry aurait dû vous faire analyser dans le noir.

JERRY
Soudain.

Charlotte !

CHARLOTTE
Par la fenêtre du haut.

Arrête de me crier dessus !

JERRY

Charlotte, descends tout de suite !

DORIS

Papounet a fait une chose affreuse. A son âge !

JERRY

Dépêche-toi, Charlotte !

CHARLOTTE

Vous ne voudriez tout de même pas que je sorte en chemise de nuit ?

DORIS

Aucune importance. De toute façon, nous serons bientôt virés.

CHARLOTTE

Papounet a bu ?

DORIS

Pire que ça. Une femme lui a mis le grappin dessus.

CHARLOTTE

Retenez-le le temps que j'arrive. Je peux le reprendre en main.

M. Jones arrive.

PAPOUNET
Imposant.

Je pense qu'à trois heures précises, la terre s'arrêtera de tourner.

DORIS
Surexcitée.

Il y a un fou furieux ici ! Allez chercher une corde !

JONES
Horrifié.

Vous voulez le pendre ?

Charlotte se précipite au-dehors.

PAPOUNET

Les Etats-Unis étaient le pays le plus riche du monde. Il est plus facile à un chameau de passer par le trou d'une aiguille qu'au riche d'entrer au paradis. *(Tous l'écoutent, horrifiés et attentifs.)* Aussi ai-je fait détruire par le feu une partie de l'argent du Trésor, et jeter le reste à la mer. Nous sommes sauvés.

JERRY

Tu veux dire que tu n'as même pas cinq millions de dollars ?

PAPOUNET

J'ai tout fini hier. Ça n'a pas été facile. Il a fallu beaucoup d'ingéniosité, mais j'y suis arrivé.

JERRY
Horrifié.

Mais il me faut cinq millions de dollars cet après-midi, faute de quoi je ne pourrai pas me débarrasser de l'Idaho, et je serai destitué !

PAPOUNET
Content de lui.

Nous sommes sauvés.

JERRY
Surexcité.

Tu veux dire perdus !

Désolé, il s'effondre dans un fauteuil et se met le visage dans les mains. Charlotte, qui savait que tout allait s'écrouler, se penche sur lui l'air de dire : « Je te l'avais bien dit. » Doris agite un index sous le nez de Papounet, lequel en retour agite l'index sous son nez à elle. M. Jones, avec une grande présence d'esprit, sort le shaker et passe de consolants verres à cette famille si violemment agitée.

. . . .

A deux heures et demie, la lumière du soleil, horizontale, illumine la pelouse de la Maison Blanche. A sa fenêtre, on voit le président penché sur son bureau, dans une position d'intense découragement. Voici qu'entre par le portail Son Excellence, M. Snooks, mine de l'homme qu'on a convoqué. M. Jones se précipite hors de la Maison Blanche pour l'accueillir.

SNOOKS

On m'a convoqué, mon gars ?

JONES
Agité.

Je l'admets, Votre Excellence. Asseyez-vous, je vous prie, je vais chercher le président.

Comme M. Jones va chercher le président, Papounet arrive par le portail, en une parade triomphante et chancelante à la fois. Il inclut Son Excellence, M. Snooks, dans la splendeur de son exaltation.

PAPOUNET
Il jubile.

Hourra ! Hourra ! J'ai travaillé dans le noir, mais j'y suis arrivé !

SNOOKS
Avec un profond dégoût.

Eh ben, si c'est pas le Père Noël !

PAPOUNET

C'est un grand jour pour moi, monsieur... Vous savez que le monde touche à sa fin.

SNOOKS

Chacun s'amuse comme il veut, Père Noël.

PAPOUNET

Ceci reste strictement entre nous, n'est-ce pas.

SNOOKS

J'vendrais la mèche pour rien au monde.

JERRY

Il arrive en courant. Extrêmement agité.

Excellence... Excellence...

PAPOUNET

Soudain.

Hourra ! Enfin fini !

Il essaie de donner une tape dans le dos à Son Excellence, M. Snooks, mais Son Excellence, M. Snooks, s'écarte, et Papounet perd l'équilibre. Snooks et Jerry l'aident à se relever.

JERRY
Soupçonneux.

Tu as bu, Papounet ?

PAPOUNET

Un tout petit peu. Ce qu'il fallait pour me remonter. A ce jour, je n'avais jamais bu une goutte d'alcool.

SNOOKS

Oh le vilain garçon.

PAPOUNET

Je crois qu'en effet je vais monter me reposer un peu avant le grand événement.

Il vagabonde joyeusement jusqu'à la Maison Blanche.

JERRY
Chuchotant.

Excellence, Papounet a fait quelque chose d'affreux.

SNOOKS
Désignant Papounet du doigt.

Lui ?

JERRY

Il a sorti l'argent du Trésor et l'a fait disparaître.

SNOOKS

Qu'est-ce que vous me racontez ? Vous vous fichez de moi ?

JERRY

C'est un homme très pieux, vous savez, Excellence...

SNOOKS

Vous êtes en train d'm'expliquer qu'y peut pas me dégotter cinq millions. *(Jerry hoche la tête.)* Bonsoir ! On vit vraiment dans un pays épatant. Ramassis de tueurs d'Indiens !

JERRY

Ce n'est pas la peine de m'injurier, Excellence. Je suis moi-même fauché.

SNOOKS

Arrêtez vot' numéro et appelez le Trésor. Demandez-leur d'imprimer un ou deux milliards. Vous êtes président, non ?

JERRY

S'encourageant un peu lui-même,
il se dirige vers le téléphone.

Passez-moi le Trésor... Ici le Président Frost. Je voulais juste savoir si vous ne pourriez pas imprimer quelques billets. Disons... Disons cinq millions de dollars, quoi ? Si par hasard vous ne savez pas quelle effigie mettre, vous pourriez peut-être mettre la mienne ? J'ai une bonne photo que je viens de faire faire... Vous ne pouvez plus rien imprimer ?... Oh, c'était juste à titre de renseignement... Je m'étais dit que je ne risquais rien à me renseigner... Non, non, il n'y a pas de mal... Je ne faisais que me *renseigner...* Ça ne vous a pas vexé, que je vous demande ? *(Il raccroche, l'air découragé.)* Ça ne les a pas vexés que je leur demande.

SNOOKS

Rien ne va plus, hein ?

Entre M. Jones.

JONES

Tout est fini, monsieur le Président. On vient de m'avertir que le juge Fossile, président de la Cour suprême, est en route pour la Maison Blanche, accompagné par le comité sénatorial sur l'Incompétence.

Jerry s'assied, vaincu. Jones se retire.

SNOOKS

Ils vont vous éjecter, hein ?

JERRY
Ruminant.

C'est ce misérable, ce méchant ramassis d'habitants de l'Idaho.

Snooks, qui a médité sur la situation, arrête une décision.

SNOOKS

Président, écoutez-moi : je vais vous sortir de là. Je passe sur les cinq briques, et on fait un échange loyal entre les îles de la Buse et l'Etat de l'Idaho.

JERRY
Stupéfait.

Vous m'échangez les îles de la Buse contre l'Idaho ?

Snooks hoche la tête. Très ému, Jerry lui donne une vive poignée de main. Charlotte sort de la Maison Blanche. Une expression quelque peu désapprobatrice passe sur son visage lorsqu'elle aperçoit Son Excellence, M. Snooks.

JERRY
Agité.

Charlotte, Charlotte ! Ce monsieur vient de me sauver la vie.

CHARLOTTE
Soupçonneuse.

Qui est-ce ?

JERRY

Son Excellence, M. Snooks, Charlotte.

SNOOKS

Sous le regard sévère de Charlotte.

Bon, j' crois qu'y faut qu' j'y aille.

CHARLOTTE

Ne resterez-vous pas pour assister à la destitution de mon mari ? Nous attendons quelques amis.

Doris sort, Papounet l'accompagne. Il est dans un tel état d'exaltation que, à la grande contrariété de Doris, il essaie de l'entraîner dans une gavotte.

DORIS

Elle le repousse.

Ça ne me suffit pas, comme dose d'embêtements, d'avoir dû plaquer mon fiancé ? Il me faut encore expérimenter vos dégoûtantes vieilles danses ?

Papounet s'assied, puis observe le ciel dans un grand télescope.

Jerry, qui a maintenant recouvré confiance, va et vient en agitant les bras : il répète intérieurement un discours. Snooks tapote la tête de Papounet et adresse un clin d'œil lubrique à Charlotte et Doris.

DORIS

Franchement, tout ça m'a l'air de tourner à la folie. Va-t-on virer Jerry, oui ou non ?

CHARLOTTE

Il dit que non, mais je n'en crois pas un mot.

Jones arrive, suivi d'un sensible gentilhomme italien à la longue chevelure musicale.

JONES

Monsieur dit avoir rendez-vous avec Mlle Doris.

JERRY

Qui êtes-vous ?

L'HOMME

Stutz-Mozart et son orchestre d'Orangs-Outangs. On m'a convoqué à trois heures pour jouer du jazz chic à une réception de mariage.

DORIS

Je m'en souviens. Je l'ai bel et bien convoqué. Il paraît que c'est le meilleur orchestre de jazz du pays.

JERRY
À Stutz-Mozart.

Vous ne savez pas qu'il y aura une énorme crise politique, à trois heures ?

DORIS

Nous n'avons plus besoin de vos services, monsieur. De toute façon, j'ai dû plaquer mon fiancé pour des raisons politiques.

SUTZ-MOZART
Indigné.

Mais j'ai mes Orangs-Outangs dehors !

CHARLOTTE
Les yeux écarquillés.

De véritables orangs-outangs ?

DORIS

Bien sûr que non. On les appelle comme ça parce qu'ils ont un peu l'air d'orangs-outangs. Et ils jouent un peu comme des orang-outangs. Enfin, comme des orangs-outangs qui sauraient jouer.

JERRY
À Stutz-Mozart.

Eh bien, il va falloir les renvoyer. Je ne peux pas

recevoir un tas de sénateurs et de juges au milieu d'un ramassis de types qui ressemblent à des orangs-outangs.

STUTZ-MOZART

Mais on m'a engagé pour jouer.

JERRY

Peut-être, mais que dirait-on, d'après vous ? On dirait : eh bien, c'est un président d'une belle espèce, qu'on se traîne. Ses amis ressemblent à des orangs-outangs.

STUTZ-MOZART

Vous me faites perdre mon temps. Ou vous me payez, ou nous jouons.

JERRY

Faites bien attention : si vous êtes un agitateur révolutionnaire, je vous conseille de retourner immédiatement d'où vous venez.

STUTZ-MOZART

J'arrive d'Hoboken.

Il sort par le portail, l'air menaçant.

JONES

Il annonce du haut de l'escalier :

M. Fossile, président de la Cour suprême, et un comité sénatorial !

CHARLOTTE

À Jerry.

Dis-leur ce que tu as à dire. Montre-leur que tu n'es pas un légume.

Les voici ! M. Fossile, le président de la Cour suprême, avec sa solennelle perruque blanche, marche pesamment en tête de la procession. Cinq des six sénateurs qui le suivent sont de grands et graves messieurs en jaquette dont les proéminents estomacs sont comprimés par un gilet. À côté d'eux, le sénateur Poisson paraît frêle et velléitaire.

La délégation fait halte devant Jerry, qui la défie du regard, encore qu'il ne soit pas très à son aise.

LE JUGE FOSSILE

Au Président des Etats-Unis d'Amérique, salut !

JERRY

Nerveux.

Salut.

M. Jones a avancé des fauteuils où les sénateurs prennent place, formant une rangée devant laquelle le juge Fossile s'assoit. Poisson regarde Doris, l'air malheureux. Son Excellence, M. Snooks, se dissimule à l'ombre de l'Arbre exceptionnel.

LE JUGE FOSSILE

Monsieur le Président, sur proposition du distingué élu de l'Idaho *(il désigne Poisson du doigt, qui essaie vainement de disparaître à sa vue)*, nous venons procéder à une analyse en vue de votre destitution.

JERRY
Sarcastique.

Pas possible ? *(Du regard, il cherche de l'encouragement auprès de Charlotte. Charlotte grogne.)*

LE JUGE FOSSILE

Je pense que telle est bien l'affaire, sénateur Poisson ?

POISSON
Nerveux.

Oui, mais personnellement je l'aime bien.

CHARLOTTE

Vous m'en direz tant ! *(Elle donne un coup de coude à Jerry.)* Parle-leur sur ce ton.

JERRY

Vous m'en direz tant !

LE JUGE FOSSILE

Chassez cette femme ! *(Personne ne prête attention à sa requête.)* Monsieur le Président, refusez-vous catégoriquement de démissionner, selon la requête du sénateur de l'Idaho ?

JERRY

Tu parles, si je refuse !

LE JUGE FOSSILE

Dans ses conditions, je...

*A cet instant, de l'autre côté du mur, l'orchestre des Orangs-Outangs de M. Stutz-Mozart se lance dans une joviale interprétation d'*En descendant la Suwanee. *Doutant si ce n'est pas l'hymne national, les sénateurs s'entre-observent, mal à l'aise, puis, ôtant leurs chapeaux de soie, se lèvent l'un après l'autre. Le juge Fossile lui-même garde un respectueux garde-à-vous jusqu'à la fin du morceau.*

JERRY

Ah, ah, ah ! Ce n'était pas *La Bannière étoilée* !

Les sénateurs semblent gênés.

DORIS
D'un ton tragique.

Ça aurait dû être ma réception de mariage, aujourd'hui.

Le sénateur Poisson commence à pleurer doucement.

LE JUGE FOSSILE
À Jerry, en colère.

Monsieur, tout ceci est insensé ! Vous êtes un danger pour la Nation ! Nous ne continuerons pas davantage. Avez-vous quelque chose à dire avant que nous ne votions sur la proposition du sénateur de l'Idaho ?

CHARLOTTE

Oui, il a quelque chose à dire. Toute une tartine !

DORIS

C'est le plus beau jour de ma vie. Cecil B. De Mille le filmerait avec dix caméras.

LE JUGE FOSSILE

Chassez ces femmes !

Les femmes ne sont pas chassées.

JERRY
Nerveux.

Messieurs, avant que vous ne fassiez ce pas de vos propres mains, je voudrais me présenter sous mon meilleur pied. Considérons quelques points. Par exemple, le premier point que nous pourrions considérer, par exemple, c'est la guerre d'Indépendance. Il y eut par exemple la Rome antique. Ne vivons pas seulement pour les enfants qui vivront après nous, mais aussi pour les ancêtres qui nous ont précédés et se sont battus pour faire de ce pays ce qu'il est ! *(Applaudissements de tous.)* Et maintenant, messieurs, un jeune garçon d'aujourd'hui sera un homme demain, ou plutôt dans quelques années. Considérez la conquête de l'Ouest, Daniel Boone et Kit Carson, et, à notre époque, Buffalo Bill et, et, Jesse James ! *(Applaudissements prolongés.)* Pour finir, en guise de conclusion, je voudrais vous faire part d'une vision qu'il me semble voir. Il me semble voir la Déesse Nation, Nation, ah, les yeux bandés, ah, couverte d'écailles, qui conduit le char de l'Etat par-dessus les champs de bataille de la République jusqu'au cœur de l'Ouest doré et aux champs de coton du Sud ensoleillé.

Enormes applaudissements. M. Jones, avec son recueillement habituel, sert une tournée de cocktails.

LE JUGE FOSSILE
Sévère.

Messieurs, ne vous laissez pas émouvoir par la rhétorique passionnée de cet homme. L'Etat de l'Idaho a proposé sa destitution. Nous devons passer au vote...

JERRY
Il l'interrompt.

Dites, M'sieur Fossile. Faut qu'un Etat fasse partie du pays pour pouvoir destituer quelqu'un, non ?

LE JUGE FOSSILE

Si.

JERRY

Eh bien, l'Etat de l'Idaho n'appartient plus aux Etats-Unis d'Amérique.

Forte impression. Le sénateur Poisson se lève, puis se rassied.

LE JUGE FOSSILE

Et à qui appartient-il ?

SNOOKS
Qui s'avance.

A la nation polono-irlandaise.

Encore plus forte impression.

JERRY

L'Etat de l'Idaho n'est qu'un ramassis de montagnes. Je l'ai échangé à la Pologne irlandaise contre les îles de la Buse.

M. Jones tend le traité au juge Fossile.

POISSON
Il se lève.

Juge Fossile, le peuple de l'Idaho...

SNOOKS

Trahison ! Trahison ! Assieds-toi, mon gars ! Tu es sujet de la Pologne irlandaise !

JERRY
Désignant Poisson du doigt.

Ces étrangers s'imaginent qu'ils vont diriger le pays.

Les sénateurs s'éloignent de Poisson.

LE JUGE FOSSILE
À Poisson.

Si vous désirez prendre la parole comme citoyen des Etats-Unis, il vous faut produire des papiers de naturalité.

SNOOKS

Y f'ra rien du tout. Je m'en vais me l'emporter avec moi. Y fait partie d' not' bien.

Il saisit fermement Poisson, qui s'indigne, par le bras, et agrafe un grand insigne « Vendu » au revers de sa veste.

DORIS
Enthousiaste.

On peut dire que je suis contente de ne pas avoir épousé un étranger.

A cet instant, comme Jerry semble avoir pleinement triomphé, on entend à l'extérieur un bruit de fifre et de tambour : le général Pushing arrive, suivi par son escorte musicale. Il est dans un état d'agitation avancé.

LE GÉNÉRAL

Monsieur le Président, je viens au sujet des affaires de l'Etat !

LES SÉNATEURS

Hourra !

LE GÉNÉRAL

Il faut déclarer la guerre !

LES SÉNATEURS

Hourra !

JERRY

Qui est l'ennemi ?

LE GÉNÉRAL

La Pologne irlandaise !

Tous les regards se tournent vers Snooks, qui paraît considérablement inquiet.

LE GÉNÉRAL
Haussant la voix.

Aux îles de la Buse !

LES SÉNATEURS

Hourra ! Hourra ! A bas la Pologne irlandaise !

LE JUGE FOSSILE

Désormais, monsieur le Président, tous les traités sont caducs !

LE GÉNÉRAL
Il adresse un regard méprisant à Jerry.

Il a tenté d'échanger l'Etat de l'Idaho contre quelques îles peuplées de buses. Peuh !

LES SÉNATEURS

Peuh !

SNOOKS
Indigné.

I' s'agit d' quoi ? C't' un coup monté pour piquer ses droits à la nation polono-irlandaise ? Nous voulons l'Etat de l'Idaho. Et vous voulez les îles de la Buse, pas ?

LE GÉNÉRAL

Nous pouvons les prendre de force. Nous sommes en guerre. *(Aux sénateurs.)* Nous avons ordonné d'enlever les buses empaillées des muséums d'histoire naturelle. *(Bravos.)* Et les buses domestiques sont dorénavant du gibier légal, en saison et hors saison. *(Bravos redoublés.)* Nous ne saurions accepter la tyrannie des buses.

LE JUGE FOSSILE
Désignant Jerry du doigt.

Et maintenant, messieurs les Sénateurs, combien d'entre vous votent-ils pour la destitution de l'ennemi du bien commun ?

Les cinq sénateurs se lèvent.

LE JUGE FOSSILE
À Jerry.

Verdict d'une juste nation. Quelqu'un ici s'oppose-t-il à son application ?

Papounet, qui est resté tout le temps à contempler les cieux, jette soudain son télescope, qui tombe par terre avec un grand bruit.

PAPOUNET
Tragique.

Trop tard !

TOUS

Trop tard ?

PAPOUNET

Trop tard pour que la terre s'arrête de tourner cet après-midi. J'ai dû me tromper de jour à deux mille ans près. *(Se tordant les mains.)* Je vais me suicider !

Papounet essaie de se suicider. Il sort un pistolet, se vise et tire. Il s'effondre, mais il s'est manqué.

DORIS
Se penchant sur lui et agitant l'index.

Vous ratez tout ! Je vais demander l'ambulance. Si elle veut bien venir !

PAPOUNET
Agitant un index vers elle.

Vos parents vous ont très mal élevée...

LE JUGE FOSSILE

Taisez-vous ! Je vais prononcer la sentence de destitution de cet ennemi du genre humain. Regardez-le ! *(Tous regardent Jerry avec sévérité.)* Et maintenant, messieurs, les astronomes affirment que, dans les cieux lointains, près de la Croix du Sud, se trouve un vaste espace nommé le trou du ciel, dans lequel le plus puissant des télescopes ne saurait découvrir ni comète, ni planète, ni étoile, ni soleil. *(Tous semblent glacés et abattus. Jerry frissonne. Poisson ramasse le télescope abandonné par Papounet et entreprend un examen passionné du firmament.)* Dans cette froide, sombre et morne région de l'espace, le Grand Auteur du Mécanisme céleste a laissé le chaos tel qu'il était au commencement des Temps. Si la terre que je foule était capable d'exprimer des émotions, alors, avec toute l'énergie des forces élémentaires de la nature, elle soulèverait et projetterait cet ennemi du genre humain à l'intérieur de cette vaste région, afin qu'il y demeure dans une solitude aussi éternelle que... que l'éternité. *(A l'instant où il s'arrête tombe un silence funèbre.)*

JERRY
Sa voix tremble de chagrin.

Monsieur le Juge, je n'ai rien d'autre à dire que ceci : quoi que vous puissiez avoir fait, je ne vous en ferais pas autant.

LE JUGE FOSSILE
Il tonne.

Avez-vous autre chose à ajouter ?

JERRY
S'élevant depuis sa défaite à une sorte d'éloquent défi.

Oui. Je veux dire quelque chose à vous tous : je ne veux pas être président. *(Murmure de surprise.)* Je n'ai jamais demandé à l'être. Et même, j'ignore comment j'ai pu le devenir !

LE GÉNÉRAL PUSHING
Horrifié.

Voulez-vous dire qu'il existe un citoyen américain qui refuserait le devoir sacré de la présidence ? Permettez-moi donc, monsieur, de vous demander ce que vous voulez au juste.

JERRY
Surexcité.

Je veux qu'on me laisse seul !

De l'autre côté du mur, l'orchestre des Orangs-Outangs de M. Stutz-Mozart joue L'Abeille et ses Oreilles. *Les sénateurs se lèvent respectueusement et ôtent leurs chapeaux, tandis que le général Pushing, brandissant son sabre, salue.*

Quatre forts déménageurs sortent de la Maison Blanche, titubant sous le poids des malles de la famille Frost, puis sortent par le portail. Une demi-douzaine de valises assorties sont expédiées à la suite des malles.

La musique continue, les sénateurs restent debout. La famille Frost regarde fixement ses bagages qui partent, chacun sous le coup d'une émotion particulière.

Charlotte est la première à se reprendre. Comme elle se retourne vers les sénateurs, la musique descend au pianissimo, de sorte qu'on peut entendre ses paroles.

CHARLOTTE

Si ça peut vous consoler, à partir d'aujourd'hui, je ne serai plus la même femme. A partir d'aujourd'hui, je lui rendrai la vie impossible.

Elle sort sous un grand éclat de jazz. Papounet, non sans difficulté, repère son vieux sac de toile défoncé.

PAPOUNET

Dire que j'ai raté la date de deux mille ans. Je finirai par me suicider.

Papounet est sorti, maintenant, entre deux huissiers qui l'ont fait se dépêcher, et Doris lui succède. Avec dignité, elle prend son petit quoique arrogant sac à main.

DORIS

Tout ce que je dirai, c'est que si Cecil B. De Mille voyait la Maison Blanche, il dirait : « Pour la maison du jardinier, ça ira très bien. Et maintenant, construisons une *vraie* maison. »

En sortant, elle essaie désespérément de ne pas marcher au rythme de la musique et se soustrait à l'impulsion d'aller au pas. La tentative n'est pas complètement réussie. Le président Frost prend son sac.

JERRY
D'un air de défi.

Je vous aurai du moins prouvé qu'on ne peut me forcer à rien. *(Il jette un coup d'œil autour de lui : son regard tombe sur l'« arbre exceptionnel ». Il s'en approche et l'arrache par la racine.)* Il m'a été offert par un groupe de compatriotes. Cette enseigne m'appartient également. C'est moi qui l'ai inventée. *(Un silence.)* Vous trouvez que je n'ai pas été un très bon président, n'est-ce pas ? Essayez donc de me réélire.

LE GÉNÉRAL PUSHING
Sévère.

Pas question ! Comme président, vous seriez tout juste un bon facteur.

Un chœur de rires accueille cette saillie.

On entend de nouveau la voix de Charlotte. Vient-elle de l'autre côté du portail, ou, de façon bien mystérieuse, de quelque part en l'air ?

CHARLOTTE
Très distinctement.

Ferme la porte ! On sent ce machin jusqu'ici !

Une lueur de désemparement apparaît dans le regard de Jerry. D'une voix grave, il dit : « Quoi ? »

Puis, l'arbre dans une main et sa valise dans l'autre, il sort rapidement par le portail, entre deux huissiers, l'air résolu, pendant que l'orchestre des Orangs-Outangs fait exploser un jazz de plus en plus bruyant.

RIDEAU

Acte 3

*Nous voici de retour chez les Frost, et c'est une semaine après les événements relatés au premier acte. Il est à peu près neuf heures du matin : par les fenêtres ouvertes, le soleil illumine les tapis de grands et braves carrés de lumière. On a enlevé les bocaux, les verres et les fioles d'une certaine et mémorable nuit, mais il y a dans la maison quelque chose qui ne correspond pas à la joyeuse journée du dehors, quelque chose de catastrophique, une profonde mélancolie qui semble même s'être abattue sur l'*Anthologie de l'Humour et de l'Esprit, *dans la si vieillotte bibliothèque.*

Tout cela annonce qu'on va broyer du noir.

Une série de claquements rapides à l'extérieur – le bruit de quelqu'un qui monte précipitamment les marches du perron. La porte s'ouvre, Doris entre. Doris en jupe jaune, chemisier en jersey assorti, Doris qui mâche vaguement, délicatement, ce qui ne saurait être qu'un petit bout de chewing-gum.

DORIS

Elle appelle.

Charlotte !

UNE VOIX

Lugubre et brisée, du haut de l'escalier.

C'est toi, Doris ?

DORIS

Ouais. Je peux monter ?

LA VOIX

C'est celle de Charlotte. On la reconnaît à peine.

Je descends.

DORIS

Des nouvelles de Jerry ?

CHARLOTTE

Aucune.

Doris s'examine en silence, mais avec intérêt, dans un petit miroir accroché au mur. Charlotte arrive, ô combien changée par rapport à la semaine dernière. Elle a le nez, les yeux rouges d'avoir pleuré. Elle est abattue, déprimée.

DORIS

Pleine d'un joyeux pessimisme.

Aucune, hein ?

CHARLOTTE

Lugubre.

Rien. Pas un mot.

DORIS
Impressionnée malgré elle.

La crapule ! Et ça fera ce soir une semaine qu'il a filé.

CHARLOTTE

C'est cette saleté d'alcool, j'en suis sûre. Il a veillé toute la nuit, et, au matin, il était parti.

DORIS

Je n'ai jamais rien vu d'aussi drôle que cette façon de filer... Dis, Charlotte, il y a quelque chose que j'ai l'intention de te dire depuis deux ou trois jours, mais je n'ai pas voulu le faire tant que tu étais déprimée.

CHARLOTTE

Comment pourrais-je être plus déprimée que je ne le suis ?

DORIS

Je voulais juste te demander si tu avais essayé la morgue. *(Charlotte pousse un petit cri.)* Attends un peu. Garde ton sang-froid. Je pense simplement que tu devrais essayer. Où qu'il soit, tu dois essayer de trouver sa trace.

CHARLOTTE
Affolée.

Il n'est pas mort ! Il n'est pas mort !

DORIS

Ai-je dit qu'il l'était ? Non. Mais quand un type se carapate après avoir bu de cette mixture-là, on ne sait jamais où on le retrouvera. Permets-moi de te dire, Charlotte, que j'ai plus d'expérience que toi dans ces affaires.

CHARLOTTE

Le détective privé m'a fait son rapport ce matin.

DORIS

A-t-il passé les bouges au peigne fin ? Tu aurais dû le lui recommander, Charlotte. La semaine dernière, j'ai vu un film qui pourrait servir de leçon aux femmes qui perdent leurs maris dans des circonstances aussi drôles que celles-ci. C'est l'histoire d'une femme qui a perdu son mari, qui passe les bouges au peigne fin et... elle l'y trouve.

CHARLOTTE
Soupçonneuse.

Qu'est-ce qu'il y faisait ?

DORIS

Il avait une espèce de vamp assise sur les genoux. *(Charlotte gémit.)* Ça montre en tout cas que, si tu faisais passer les bouges au peigne fin, tu le retrouverais. Comme cette femme. C'est là que la plupart des hommes vont, quand ils se carapatent.

CHARLOTTE

Jerry n'irait jamais dans un bouge. Ni à la morgue, d'ailleurs. Jusqu'à cette nuit-là, il n'avait jamais été saoul, ni rien de ce genre. Il a toujours été si tendre, si patient !

Ceci est une observation nouvelle dans la bouche de Charlotte.

DORIS
Ayant observé un silence pensif.

Peut-être qu'il est allé à Hollywood pour faire du cinéma. Il paraît que des tas de paumés y vont.

CHARLOTTE
Brisée.

Je ne sais pas quoi faire. Peut-être suis-je res... responsable. Cette nuit-là, il a dit que, sans moi, il aurait pu devenir p..., p..., président. Il sortait d'une analyse, et on l'avait trouvé p..., p..., parfait.

DORIS

Sans vouloir dire du mal de la mort et tout ça, il n'était pas aussi merveilleux que ça, Charlotte. Crois-le comme je te le dis, si tu ne l'avais pas poussé à entrer aux chemins de fer, il n'aurait rien été de plus que facteur... J'aurais fait passer les bouges au peigne fin.

CHARLOTTE
Élogieuse.

C'était un bon mari.

DORIS

Tu t'en remettras.

CHARLOTTE

Quoi ?

DORIS

Courage ! Dans un an, tu ne te rappelleras même plus que tu avais un, de mari.

CHARLOTTE
Éclatant en sanglots à cette phrase.

Mais je veux qu'il revienne !

DORIS
Se remémorant.

Tu connais la chanson ? Tu connais la chanson ? *(Elle chante.)*

« C'est si dur de trouver un gentil
C'est toujours sur les autres qu'on tombe.
Au moment où tu te dis : c'est mon ami,
Levant la tête tu le vois qui fait la bombe
Et tourne autour d'une autre nénette... »

(Elle a oublié l'intention morale, et commence à apprécier la chanson pour elle-même, quand Charlotte l'interrompt.)

CHARLOTTE
À la torture.

Arrête ! Arrête !

DORIS

Oh, pardon. Je ne pensais pas que tu le prendrais pour toi. Ça parle de gens de couleur.

CHARLOTTE

Tu penses qu'il est parti avec une femme de couleur ?

DORIS
Méprisante.

Mais non ! Tu as vraiment besoin de t'aérer l'esprit. Dis-toi que s'il est dans un bouge, il est dans un bouge, que s'il est à Hollywood, il est à Hollywood, et que s'il est à la morgue...

CHARLOTTE
Frénétique.

Si tu redis ce mot, je deviens folle !

DORIS

S'il est dans cet *endroit-là*, dis-toi simplement : « N'y pouvant rien, je n'y penserai plus. » C'est ça, que tu dois t'avouer.

CHARLOTTE

C'est facile à dire, mais je ne peux pas m'arrêter de penser...

DORIS

Si, tu peux. *(Magnanime.)* Je vais te raconter ce que j'ai fait aujourd'hui. Je me suis disputée avec Joseph.

CHARLOTTE

Quel Joseph ?

DORIS

Joseph Poisson. Ce type que je vous ai amené l'autre fois, à ceci près que tu ne l'as pas vu. Je t'en ai parlé. Celui à qui je me suis fiancée il y a une dizaine de jours. Ses parents étaient dans le funéraire.

CHARLOTTE

Oh !

DORIS

J'ai essayé de le faire renoncer au chewing-gum. Je lui ai proposé d'arrêter en même temps que lui. Ça a quelque chose de vulgaire, deux personnes toujours en train de se jeter du chewing-gum à la tête, non ?

On sonne à la porte.

CHARLOTTE

C'est le détective.

DORIS
Prudente.

Tu as caché l'alcool ?

CHARLOTTE

Je l'ai jetée, cette saleté-là. Va lui ouvrir. *(Charlotte se rend à la porte. Le détective entre. Il affiche une expression de profonde sagacité.)* L'avez-vous trouvé ?

LE DÉTECTIVE
Imposant.

Madame Frost, je le crois.

CHARLOTTE

Vivant ?

LE DÉTECTIVE

Vivant.

CHARLOTTE

Où est-il ?

LE DÉTECTIVE

Patience. Restons calme. J'ai découvert plusieurs indices, que j'ai examinés l'un après l'autre. Et j'ai localisé un homme qui répond au prénom de Jerry, et dont je pense qu'il est votre mari.

CHARLOTTE

Où l'avez-vous retrouvé ?

LE DÉTECTIVE

On l'a coincé avenue Crest alors qu'il essayait de forcer la porte d'une maison avec une pince-monseigneur.

CHARLOTTE

Mon Dieu !

LE DÉTECTIVE

Ouais. Et il s'appelle Jerry. C'est tatoué sur son bras.

CHARLOTTE

Seigneur !

LE DÉTECTIVE

Il y a quelque chose qui ne correspond pas à votre description. De quelle couleur sont les cheveux de votre mari ?

CHARLOTTE

Châtains.

LE DÉTECTIVE

Châtains ? En êtes-vous sûre ?

CHARLOTTE

Si j'en suis sûre ? Bien entendu, que j'en suis sûre.

LE DÉTECTIVE
À Doris.

Le corroborez-vous ?

DORIS

Quand il est parti, il avait les cheveux châtains.

LE DÉTECTIVE

Ce type-là est roux.

CHARLOTTE

Alors, ce n'est pas Jerry. Ce n'est pas Jerry.

DORIS
À Charlotte.

Qu'est-ce que tu en sais ? Peut-être... *(Elle se tourne vers le détective.)* Vous savez, il avait bu de ce drôle d'alcool qu'on trouve par-ci, par-là : ça a pu le rendre roux.

CHARLOTTE
Au détective.

Ça vous paraît possible ?

LE DÉTECTIVE

Je n'ai jamais entendu parler d'affaire de ce genre. Mais j'ai connu un gars dont les cheveux avaient viré au blanc pour la même raison.

DORIS

Moi aussi. Comment s'appelait le vôtre ?

CHARLOTTE

Cet homme a-t-il prétendu être mon mari ?

LE DÉTECTIVE

Non, madame. Il a dit qu'il avait deux femmes dans le Montana, mais, à sa connaissance, aucune par ici. Bien entendu il a pu bluffer.

DORIS

Ça ne ressemble pas à Jerry.

LE DÉTECTIVE

Mais le tatouage permet de l'identifier.

CHARLOTTE
Vivement.

Il n'en a jamais eu.

LE DÉTECTIVE

En êtes-vous sûre ?

CHARLOTTE

Oh, oui.

LE DÉTECTIVE
Son visage s'effondre.

Alors, ce n'est pas notre homme : ce tatouage a été fait il y a trois ans. Voilà ce que j'appelle une déception. Je suis extrêmement déçu. J'ai perdu pas mal de temps sur cet homme. J'espérais qu'il... ah ! qu'il conviendrait.

CHARLOTTE
Précipitamment.

Il ne convient pas du tout. Si vous ne me remettez pas le bon, je ne vous paierai pas.

LE DÉTECTIVE

J'ai suivi un autre indice. Votre mari a-t-il jamais souffert d'aphasie ?

CHARLOTTE

Oh non : il a toujours été en très bonne santé. Il a eu de petits problèmes de peau il y a...

DORIS

Ce n'est pas ce qu'on te demande, Charlotte. L'aphasie, c'est quand un homme fiche le camp, commet un meurtre et, sous un autre nom, tombe amoureux d'une jeune fille.

CHARLOTTE

Oh ! il n'a jamais fait ça.

LE DÉTECTIVE

Si vous me disiez exactement ce qui est arrivé ?

CHARLOTTE

Mais je vous l'ai dit : il a bu une espèce d'alcool à l'azote.

LE DÉTECTIVE

De l'alcool à l'azote !

CHARLOTTE

C'est ce qu'a dit le bonhomme. Du gin de contrefaçon qu'il a convaincu Jerry d'acheter.

LE DÉTECTIVE

Oui.

CHARLOTTE

Et, toute la nuit, il a parlé des choses qu'il aurait pu faire si je ne m'étais pas mise sur son chemin. Il venait de se faire examiner.

DORIS
Elle explique.

Un examen psychique.

LE DÉTECTIVE
D'un air entendu.

Je vois.

CHARLOTTE

Ma sœur est arrivée avec son futur mari, elle est montée me voir, puis, quand elle est redescendue, elle a trouvé Jerry endormi sur une chaise. Moi je ne suis pas descendue. Je le regrette, à présent. Ma sœur et son fiancé sont partis. Je suis allée me coucher, et il m'a semblé entendre Jerry parler pendant son sommeil. Je me suis réveillée vers minuit. Il était en train de dire quelque chose à voix haute : je lui ai demandé de fermer la porte, parce que l'odeur de cette saleté de gin trafiqué montait jusqu'à l'étage.

LE DÉTECTIVE

Oui.

CHARLOTTE

C'est tout. Le lendemain matin, à sept heures, lorsque je suis descendue, il était parti.

LE DÉTECTIVE
Il se lève.

Madame Frost, s'il est possible de retrouver la trace de votre mari, je le retrouverai.

DORIS

Avez-vous pensé à passer les bouges au peigne fin ?

LE DÉTECTIVE

Comment ?

DORIS

Avez-vous passé les bouges au peigne fin ? Il me semble que, moi, j'aurais fait le tour des bouges. Et je ne serais pas plus surprise que ça si vous le retrouviez avec quelqu'un sur les genoux.

LE DÉTECTIVE
À Charlotte.

Il fréquente ce genre d'endroits ?

CHARLOTTE
Très vite.

Oh non, non.

DORIS
À Charlotte.

Qu'en sais-tu ?

Un coup sec à la porte. Doris s'empresse de l'ouvrir : entre un gros petit homme à cheveux gris, dans un état d'indignation avancé.

LE DÉTECTIVE
À Charlotte.

Est-ce le disparu ?

L'HOMME
Sévère.

Vous parlez à M. Pushing. Je suis ou j'étais l'employeur de l'homme qui habite ici.

CHARLOTTE
Passionnée.

Où est-il ?

M. PUSHING

C'est ce que je suis venu vous demander. Voici une semaine qu'il n'est pas venu travailler. Je m'apprête à lui rendre sa liberté.

DORIS

Vous devriez avoir honte. Il est peut-être mort.

M. PUSHING

Mort ou vif, il est renvoyé. Je l'ai fait analyser. Il n'a aucune ambition, et avec ça l'analyste n'a su lui prescrire que des œufs de caille. Peuh.

CHARLOTTE

Je m'en fiche. C'est mon homme.

DORIS
Elle la reprend.

C'était mon homme.

LE DÉTECTIVE

Peut-être pourriez-vous m'en dire un peu plus sur ses habitudes de travail.

M. PUSHING

Si vous m'accompagnez, je vous montrerai le rapport d'analyse. Nous l'avons fait encadrer. *(Dédaigneux.)* Bonjour.

Il sort. Le détective le suit, après avoir fait un signe de tête à Charlotte et Doris.

DORIS

Tu devrais être rassurée, je pense.

CHARLOTTE

Pourquoi ?

DORIS

Le détective a trouvé quelqu'un qui lui ressemble. Le prénom, en tout cas. Ça prouve qu'il chauffe.

CHARLOTTE

N'importe comment, je ne suis pas rassurée.

Bruit de pas incertains dans l'escalier. Papounet apparaît, un chapeau cabossé sur la tête, un livre sous le bras.

DORIS

Salut, Papounet. Où allez-vous ?

PAPOUNET
Qui entend vaguement.

Hum.

CHARLOTTE

Il va à la bibliothèque.

PAPOUNET
Fougueusement contre.

Non. Cette fois-ci, vous vous êtes trompées. Je ne vais pas au parc. Je vais à la bibliothèque.

DORIS
Sévère.

Où se trouve votre fils, à votre avis ?

PAPOUNET

Le... ?

DORIS
Plus fort.

Où se trouve votre fils, en ce moment ?

Charlotte hoche tristement la tête.

PAPOUNET
Placide.

Il n'est pas encore revenu ?

DORIS

Non. Nous faisons passer les bouges au peigne fin.

PAPOUNET

Ne vous inquiétez pas. Je me rappelle avoir quitté la maison, un jour. C'était en 1846. Je voulais visiter le zoo de Philadelphie. J'ai essayé de retourner à la maison, mais ils m'ont pris et enfermé.

DORIS
À Charlotte.

Dans la cage aux singes, je pense.

PAPOUNET
Il n'a pas entendu, Dieu merci !

Oui, c'est la seule fois que je suis parti.

DORIS

Mais, Papounet, notre affaire est un peu plus sérieuse.

PAPOUNET

Un homme est un homme... On dirait que nous avons une belle journée.

CHARLOTTE
À Doris.

Il s'en fiche. Il ne comprend même pas ce qui se passe. Quand le détective a fouillé sa chambre, il a cru que c'était le plombier.

DORIS

Il comprend très bien. N'est-ce pas que vous comprenez, Papounet ? Vous comprenez de quoi il s'agit, hein ?

PAPOUNET
Désespérant.

Le... ?

CHARLOTTE

Oh, laisse-le partir. Il me porte sur les nerfs.

DORIS

Il a peut-être une idée de l'endroit où Jerry se trouve. Il est supposé penser *tellement.*

PAPOUNET

Eh bien, bonsoir. Je crois que je vais aller à la bibliothèque. *(Il sort par la porte d'entrée.)*

DORIS

Dis, Charlotte. Au moment où je t'ai dit que tu pouvais très bien arrêter de penser à toi, j'allais te parler de Joseph, tu te rappelles ?

CHARLOTTE

Oui.

DORIS

J'en ai un peu assez de lui. Franchement, je crois que je devrais me faire analyser.

CHARLOTTE

Pourquoi ne t'en débarrasses-tu pas ? Tu devrais savoir comment t'y prendre, à la longue.

DORIS

D'avoir manqué de chance dans ton mariage ne te rend pas apte à juger de ce que je dois faire.

CHARLOTTE

L'aimes-tu ?

DORIS

Eh bien... pas spécialement.

CHARLOTTE

Alors, débarrasses-t'en.

DORIS

Je le ferais volontiers, mais ça risque d'être un peu difficile.

CHARLOTTE

Mais non.

DORIS

Mais si. Ça ne sera pas du gâteau.

CHARLOTTE

Pourquoi ?

DORIS

Ça fait trois jours que nous sommes mariés.

CHARLOTTE
Stupéfaite.

Quoi ?

DORIS

Ça n'est pas long, mais, dans le mariage, chaque journée compte.

CHARLOTTE

Tu ne peux plus t'en débarrasser.

DORIS

C'est quasi impossible, je dirais.

CHARLOTTE

C'était un mariage secret ?

DORIS

Oui : il n'y avait que Joseph, le type qui nous a mariés et moi. Et je vis toujours chez moi. La fille que Joe faisait attendre le temps de prendre une décision sur notre mariage s'est impatientée : elle a dit qu'elle n'attendrait pas une minute de plus. Ça la rendait nerveuse. Elle ne pouvait plus rien avaler.

CHARLOTTE

Et tu t'es mariée. Et maintenant tu en as assez de lui.

DORIS

Ce n'est pas exactement ça, mais ça me met un peu mal à l'aise de me dire que je ne peux plus me débarrasser d'un homme sans risquer de provoquer tout un potin. Et imagine qu'il se mette à boire. Tout le monde ne peut pas balancer ses maris aussi facilement que toi, tu sais.

CHARLOTTE

Je me suis toujours contentée d'un seul.

DORIS

C'est peut-être très bien pour toi qui es monographiste, mais mettons que Rudolph Valentino, le prince de Galles ou John Rockefeller passe cette porte et dise : « Doris, je vous vénère depuis longtemps à cause d'une photographie que vous aviez envoyée au concours "Gloire et Richesse" de la *Revue du cinéma*, et qui avait été égarée par mégarde : voulez-vous m'épouser ? » Que répondrais-tu, Charlotte ?

CHARLOTTE

Je répondrais non. Et rendez-moi Jerry.

DORIS

Tu accepterais d'avoir un mari qui se dresse sur le chemin de ton bonheur ? Pas moi, je te l'assure. J'aimerais pouvoir dire à Joe : « Va acheter un paquet de cacahouètes à l'épicerie, et reviens dans vingt ans. » J'aimerais tellement, Charlotte. Si je pouvais épouser Douglas Fairbanks, je balancerais Joseph, gentiment si possible, et sinon je n'hésiterais pas à lui donner un plein verre de gouttes contre la toux.

CHARLOTTE
Horrifiée.

Doris !

DORIS

Et je le lui ai dit. Ce tintouin du mariage, c'est parfait pour les petits esprits, mais moi j'aime les choses où on peut se débarrasser d'un homme quand c'est nécessaire.

CHARLOTTE

Si tu étais mariée à Jerry, tu ne dirais pas cela.

DORIS

Mais enfin, Charlotte, ne vois-tu pas que c'est exactement ce que Jerry a ressenti ? *(Charlotte, vaincue, se lève pour quitter la pièce.)* Et puis je ne veux pas te démoraliser, mais s'il est, enfin si on le découvre à la..., enfin là où tu sais, je connais une boutique où tu trouveras des robes de deuil tout simplement *ravissantes* pour... *(Charlotte se met à pleurer.)* Qu'est-ce qu'il y a ? Je pensais que ça te remonterait un peu, de savoir qu'on en trouve pour trois fois rien. Il va falloir que tu surveilles tes dépenses, tu sais. *(Charlotte quitte la pièce à la hâte.)* Je me demande ce qui lui prend.

JOSEPH POISSON
À l'extérieur.

Eh, Doris !

Doris se rend à la fenêtre.

DORIS

Comment sais-tu que je suis ici ?

POISSON
À l'extérieur.

On me l'a dit chez toi. Puis-je entrer ?

DORIS

Oui, mais arrête de brailler comme ça. N'as-tu aucun respect pour les absents ?

POISSON
Il entre.

Doris, je suis vraiment désolé...

DORIS

As-tu perdu la tête, Joseph ? Quand nous étions assis côte à côte, cette nuit, c'était parfait, mais il a fallu que tu te mettes à parler d'embaumement au moment le plus sentimental. *Au crépuscule.* Dire que j'étais sur le point d'enlever mon bridge amovible...

POISSON

Je suis désolé... A-t-on retrouvé le mari de ta sœur ?

DORIS

Non.

POISSON

Il est parti permanentement, ou pour de bon ?

DORIS

On ne sait pas. On fait passer les bouges au peigne fin. Est-ce que quelqu'un a eu de l'aphasie, dans ta famille ?

POISSON

Qu'est-ce que c'est que ça ?

DORIS

C'est quand on quitte la maison et qu'on tombe amoureux de filles sans savoir ce qu'on fait.

POISSON

Je crois que mon oncle l'a eu.

DORIS

Il était du genre illuminé ?

POISSON

Ma foi, un peu. Chaque fois qu'il y avait une femme dans les parages, il le devenait.

DORIS
Pensive.

Je me demande s'il y a de l'hérédité avec les oncles. *(Elle crache son chewing-gum en cachette.)* Qu'est-ce que tu mâches, Joe ?

POISSON

Oh, un vieux bout de quelque chose que j'avais dans la bouche.

DORIS

Du chewing-gum. Je croyais t'avoir demandé d'arrêter. Ça n'est pas très chic, un homme qui mâche du chewing-gum. Tu n'as aucun sens de ce qui se fait. Imagine que je me trouve à une réception et que je me plante devant Mme Astor, ou Mme Vanderbilt, et que je lui dise comme ça *(elle remet son chewing-gum dans la bouche – elle en a besoin pour son imitation)* : « Très heureuse, Mme Vanderbilt. » *(Elle mâche, mâche.)* Que crois-tu qu'elle dirait ? Tu penses qu'elle le supporterait ? Pas une seconde.

POISSON

Avant que je commence à fréquenter Mme Vanderbilt, j'aurai eu vingt fois le temps d'arrêter. *(On entend à l'extérieur un sifflement métallique, mélodieux appel en mi majeur.)* Qu'est-ce que c'est que ça ?

DORIS

Qu'est-ce que j'en sais ?

POISSON

C'est joli. Un oiseau, probablement. *(On siffle de nouveau. Cela se rapproche.)* Encore.

DORIS
Elle se rend à la fenêtre.

Ce n'est que le facteur.

POISSON

C'est la première fois que j'entends un facteur siffler comme ça.

DORIS

A la sonorité, je dirais que c'est un nouveau. Dommage. L'ancien me donnait mon courrier quand je le croisais, même si ça n'était pas devant chez moi. *(Même sifflement, à présent devant la porte.)* Je vais lui ouvrir.

Elle va ouvrir la porte. La silhouette du nouveau facteur se découpe sur le ciel matinal, dans l'encadrement de la porte. C'est Jerry Frost.

Pour quelque raison, ni Doris, ni Joseph Poisson ne le reconnaissent. Il a complètement changé. Dans cet uniforme gris, sa flasque silhouette semble ferme, droite, et même insolente. Il lève le menton – sa vous-

sure d'employé a disparu. Lorsqu'il parle, sa voix est pleine d'assurance, avec peut-être une touche de mépris envers la compacte faiblesse de l'humanité.

JERRY

Bonjour. Désirez-vous du courrier ?

DORIS

Avec un léger mouvement de recul.

Eh bien, euh, oui. Pourquoi pas.

JERRY

Belle journée. Vous devriez aller vous promener.

POISSON

Déconcerté.

Hé ?

JERRY

Vous êtes bien le numéro 2127 ? Si c'est le cas, j'ai un gentil paquet de courrier pour vous.

DORIS

Avec un intérêt croissant.

Comment ça, un gentil paquet de courrier ?

JERRY

Comment ça, comment ça ? Je veux dire qu'il y en a tout un assortiment, quoi. *(Fouillant dans son sac.)* J'ai huit lettres.

DORIS

Vous êtes nouveau, n'est-ce pas ?

JERRY

Je suis nouveau, mais je suis bon. *(Il présente une poignée de lettres.)* Je suis un des meilleurs qui soient.

POISSON

Qu'en savez-vous ? On vous l'a dit ?

JERRY

Non, mais je le sens. Je connais mon boulot. Je peux prendre plus de courrier que n'importe quel autre facteur et le battre à plate couture. Je suis naturellement bon. Je ne sais pas pourquoi.

DORIS

C'est la première fois que j'entends dire qu'un facteur est *bon.*

JERRY

La plupart sont très bons. Il y a des métiers que n'importe qui peut exercer, la politique ou les affaires, par exemple, mais si vous prenez les facteurs... ce sont des espèces d'anges, qu'en quelque sorte ils attrapent au passage. *(Chuchotant.)* Ils ne font pas que les attraper, ils les sélectionnent.

POISSON
Fasciné.

Et vous êtes le meilleur.

JERRY
Modeste.

Un des meilleurs qui soient. *(Il jette un coup d'œil sur le courrier.)* Voici ce que j'appelle une publicité astucieuse. J'en ai distribué un paquet, ce matin. Les enfants l'adorent. Elle est de la Compagnie des Tapis.

POISSON

Voyons ça. *(Il s'empare du prospectus.)*

JERRY

Est-ce que ça n'est pas charmant ? Et j'ai ici deux factures. Que j'oublie aussitôt. Encore que vous désiriez peut-être mettre vos comptes à jour. Certaines personnes aiment recevoir des factures. La vieille dame d'à côté a voulu les siennes : je lui en ai donné trois, vous auriez cru qu'elle recevait des chèques. Ces deux-là ne sont pas énormes, si j'en crois l'enveloppe. Mais bien entendu on ne peut pas se fier aux enveloppes.

DORIS

Faites voir.

POISSON

A moi aussi.

Ils se disputent un peu les factures.

JERRY

Le truc, c'est que chaque membre de la maisonnée inscrit le montant supposé de la facture sur l'enveloppe, et après, quand on l'a ouverte, celui qui était le plus près de la somme exacte paye.

POISSON

Ou alors on pourrait lui donner une récompense.

JERRY

Par exemple. *(Il fait un clin d'œil à Doris.)* Et voici deux cartes postales. Elles sont plutôt jolies. Et d'une : la gare centrale de Buffalo.

POISSON

Faites voir.

JERRY

Et de deux : une carte de vœux de Noël. Quatre mois de retard. *(A Doris.)* Je pense qu'elles sont pour vous.

DORIS

Non. C'est pour ma sœur.

JERRY

Je n'ai pas lu ce qui est écrit au dos. Je ne le fais jamais. J'espère que ce sont de bonnes nouvelles.

DORIS
Elle examine le dos

Non : c'est d'une tante, ou quelque chose comme ça. Rien d'autre ?

JERRY

Si, voilà. C'est une des lettres les plus soignées de ma matinée. Hein, qu'elle est mignonne ? J'appelle ça une mignonne lettre. *(Il la soupèse et la sent.)* Sentez ça.

DORIS

C'est sûr qu'elle sent bon. De la réclame pour du parfum.

POISSON

Un peu, qu'elle sent bon.

JERRY

Je vous ai gâtés, ce matin. Peut-être avez-vous des lettres à poster ?

DORIS

Pas aujourd'hui.

JERRY

Si c'est drôle : cette lettre rose, j'ai failli la donner à une petite fille, dans la rue, qui avait sacrément l'air d'en vouloir une. Je me suis dit que, aussi bien, elle lui était réellement destinée, qu'elle portait par erreur un mauvais nom et une mauvaise adresse. Ça l'aurait ravie. J'ai eu la tentation de donner ce courrier à la personne à qui il était réellement destiné plutôt que de le porter à l'endroit où il était envoyé. Le courrier devrait être reçu par les gens qui l'apprécient. C'est dur d'être facteur. Surtout quand on est le meilleur.

DORIS

J'en suis persuadée.

POISSON

Ouais, ça doit être dur.

De toute évidence, l'un et l'autre sont fascinés.

DORIS

Il y a dans cette maison une femme qui a terriblement besoin de *la* lettre. Si vous en trouvez une qui ait l'air de ça, apportez-la-nous.

JERRY

Vraiment ? C'est trop triste. Je le garde derrière la tête. La première qui me semble la bonne, je l'apporte.

DORIS

Merci.

JERRY

Il faut que je me dépêche. J'ai un portage spécial de lettre d'amour pour une jeune fille du quartier, et je ne veux pas rater son sourire quand elle la verra. C'est pour Mlle Doris...

DORIS
Elle l'interrompt.

C'est moi. Donnez.

JERRY

D'accord. Si ce n'est pas de la chance ! *(Il la lui tend.)* Eh : savez-vous pourquoi vous avez l'air d'une dactylo ?

DORIS

Moi ?

JERRY

Vous.

DORIS

Non. Pourquoi ?

JERRY

Parce que je vous dis : « Prenez cette lettre, mademoiselle. »

POISSON
Que cela amuse au plus haut point.

Ha, ha, ha, ha !

JERRY
Non sans satisfaction.

Elle est bonne, hein ? Je l'ai trouvée ce matin.

POISSON

Ha, ha ! Ha, ha, ha !

DORIS

Joseph, je t'ai prié d'avoir un peu de respect pour les absents. *(A Jerry.)* Il y a un absent ici, et c'est sa femme qui a besoin de la lettre.

POISSON
D'un ton jaloux.

De qui est *ta* lettre ?

DORIS
La lisant.

De mon précédent fiancé. Il dit qu'il n'avait pas l'intention de boire le parfum, mais que, la bouteille n'ayant pas d'étiquette, il a cru que c'était du rhum.

POISSON

Mon Dieu ! Lui pardonneras-tu ?

JERRY

T'en fais pas, mon gars. Rhum ou parfum, il a noyé l'amour à la première gorgée. *(Il se dirige vers la porte.)* Au revoir. J'essaierai de trouver la lettre pour la dame qui en a tellement besoin.

DORIS

Au revoir et... merci.

POISSON

Je vous ouvre.

Il ouvre la porte. Jerry sort. Doris et Poisson se regardent fixement.

DORIS

N'est-il pas merveilleux ?

POISSON

C'est une crème de type, mais...

DORIS

Je sais ce que tu vas dire : tu l'as déjà vu quelque part.

POISSON

Et j'essaie de me rappeler où. Peut-être qu'il a fait du cinéma.

DORIS

Je crois que c'est parce qu'il ressemble à un de mes anciens fiancés.

POISSON

Un sacré facteur.

DORIS

Le plus gentil que j'aie jamais rencontré. Pas toi ?

POISSON

Et de loin. Dis, Charlie Chaplin se trouve en ce moment au Bijou.

DORIS

Je ne l'aime pas. Je le trouve vulgaire. Allons voir s'il n'y a rien de plus artistique ailleurs.

Poisson pousse un incroyable cri d'épouvante.

DORIS

Qu'y a-t-il ?

POISSON

J'ai avalé mon chewing-gum.

DORIS

Ça t'apprendra.

Ils sortent. Charlotte arrive tristement. D'abord passionnée, puis apathique, elle regarde les lettres et les jette dans un coin.

Dring ! La sonnette. Elle se lève brusquement et court l'ouvrir. C'est ce stupéfiant produit de notre Constitution, M. Snooks.

CHARLOTTE
Horrifiée.

Que voulez-vous ?

SNOOKS
Affable.

Bonjour, m'dame. Vot' mari est par là ?

CHARLOTTE

Non. Que lui avez-vous fait, espèce de brute ?

SNOOKS

Étonné.

Qu'est-ce qui vous prend, m'dame ?

CHARLOTTE

Jusqu'à ce que vous arriviez, vous et votre poison, mon mari allait très bien ! Que lui avez-vous fait ? Où est-il ? Que lui avez-vous donné à boire ? Dites-le-moi, ou je hurle et j'appelle la police ! Dites-le-moi ! Dites-le-moi !

SNOOKS

M'dame, vot' mari, j' l'ai pas vu.

CHARLOTTE

Menteur ! Vous savez bien qu'il est parti.

SNOOKS

Intéressé.

Non ? J'étais sûr qu'il le f'rait un jour ou l'autre.

CHARLOTTE

C'est de votre faute. C'est vous qui l'y avez poussé,

cette nuit-là, dès que j'ai eu le dos tourné ! Vous le lui avez conseillé. Il n'y aurait jamais pensé tout seul.

SNOOKS

M'dame, vous vous trompez sur mon compte.

CHARLOTTE

Où est-il, alors ? Si j'ai tort, retrouvez-le.

SNOOKS
Après une brève réflexion.

Vous avez essayé la morgue ?

CHARLOTTE

Oooh ! Ne prononcez pas ce mot-là !

SNOOKS

L'est pas à la morgue. Probable qu'une Julie lui a mis le grappin dessus. Elle le renverra à la maison une fois qu'elle lui aura pompé tout son fric.

CHARLOTTE

Ce n'est pas un sauvage comme vous. On l'a enlevé.

SNOOKS

P't-êt' qu'i' s'est engagé dans la Marine...

CHARLOTTE

Que lui voulez-vous ? Lui vendre d'autre alcool méthylique ?

SNOOKS

M'dame, je fournis pas d'alcool méthylique. Mais j'ai trouvé un moyen de fabriquer d' l'alcool de grain à partir de teinture d'iode tout en éliminant quasiment l'poison. Ça laisse juste une petite teinture marron.

CHARLOTTE

Allez-vous-en.

SNOOKS

D'accord. Je me casse.

Et il se casse.

De pareilles rencontres mettent Charlotte au désespoir. Avec une nervosité croissante, elle va et vient dans la pièce, s'évanouissant presque au moment où elle se trouve nez à nez avec un des manteaux de Jerry, suspendu à une porte. A peine consciente de ce qu'elle fait, elle enfile le manteau et le boutonne, comme si elle imaginait Jerry en train de l'aider, au temps bref et à moitié oublié de leur voyage de noces.

Dehors, un orage se déclare. Le ciel s'est obscurci d'un seul coup, et un lointain roulement de tonnerre s'étire en une lugubre cataracte. Un roulement plus fort, puis un grand éclair qui serpente dans le ciel. Charlotte, seule, effrayée, ferme les fenêtres à la hâte. Prise de panique, elle court vers le téléphone.

CHARLOTTE

Colline 32-53... Bonjour, c'est moi. Charlotte. Doris est là ?... Savez-vous où elle se trouve ?... Bon. Si elle revient, dites-lui de venir vite. Tout devient noir et j'ai peur... Oui, *il se pourrait* que quelqu'un vienne, *mais* personne ne sort, par des orages pareils. Même le policier du coin de la rue s'est réfugié sous un arbre. Simplement, je suis seule, et terrorisée... Au revoir.

Elle raccroche et reste silencieuse devant la table. L'orage atteint son comble. Un énorme roulement de tonnerre fait vibrer les vitres : la porte d'entrée s'ouvre d'un seul coup, laissant entrer une lourde rafale de pluie.

Charlotte est au bord de l'hystérie.

Alors, on entend un sifflement au-dehors, le tendre et gai sifflement du facteur. Elle se redresse, croise les mains. Jerry entre, vêtu d'une capote dégoulinante de pluie. Le capuchon dissimule en partie son visage.

JERRY

Plein de gaieté.

On peut dire que c'est une journée pourrie.

CHARLOTTE

Que le son de cette voix a fait sursauter.

Atroce.

JERRY

J'ai entendu dire qu'il y avait ici une dame qui attendait une lettre, et comme j'en ai une qui me semble convenir, ni la pluie ni rien d'autre n'a pu m'empêcher de venir la porter.

CHARLOTTE
Avide.

Une lettre pour moi ? Donnez. *(Il la lui tend, elle en déchire l'enveloppe.)* Une lettre de Jerry ! *(Elle la lit sans attendre.)*

JERRY

C'est celle que vous espériez ?

CHARLOTTE
À voix haute, mais pour elle-même.

Il ne dit pas où il est. Il dit juste qu'il se porte bien et que tout va bien pour lui. Qu'il fait ce qu'il a envie de faire, ce qu'il a à faire. Et que de faire son travail le rend heureux. *(Soupçonneuse.)* Je me demande s'il ne se trouverait pas dans un bouge... Monsieur le facteur, pensez-vous pouvoir le trouver, si je lui écris ?

JERRY

Je peux.

CHARLOTTE

Je voudrais lui dire que, s'il revient, je ne le harcèlerai plus jamais, que je n'essaierai plus de le changer, et que je ne ferai plus toute une histoire de notre pauvreté.

JERRY

Je le lui dirai.

CHARLOTTE
Se parlant de nouveau à elle-même.

Si je le harcelais, c'est que j'essayais de le mener à quelque chose, je crois. Avant notre mariage, je me disais qu'il avait dû faire des choses étranges et courageuses, du temps qu'il n'était pas avec moi. Je pensais que, un jour, sans rien dire, il s'en irait chasser l'ours. Mais quand il s'en allait sans rien dire, c'était dans le quartier, pour parier des cigares aux dés. La forêt ! Des allumettes, oui.

JERRY

Supposez qu'il ne soit rien de plus que facteur, à présent. Comme moi.

CHARLOTTE

S'il était facteur, je serais fière de lui, parce que je sais qu'il a toujours voulu l'être. Il serait le meilleur facteur du monde, et c'est exaltant, d'être le meilleur. Ce n'est pas tellement que je voulais qu'il devienne riche, je crois : je voulais qu'il fasse quelque chose où il

ne serait pas tout le temps battu. D'une certaine façon, j'ai été contente qu'il se saoule, cette nuit-là. C'était peut-être le premier acte exaltant de sa vie.

JERRY

Vous ne lui diriez jamais tout cela.

CHARLOTTE
Se raidissant.

Je dirais même que je ne devrais pas.

JERRY
Il se lève.

J'essaierai de vous l'amener à six heures.

CHARLOTTE

J'attendrai. *(Rapidement.)* Dites-lui de s'arrêter à la papeterie et d'acheter des gommes.

JERRY

Je le lui dirai. Au revoir.

CHARLOTTE

Au revoir.

Jerry sort sous la pluie. Charlotte s'assied, penche la tête sur la table.

On entend à nouveau des pas sur le porche. Cette fois c'est Papounet, qui entre en fermant un parapluie dégoulinant.

PAPOUNET

Comme quelqu'un qui vient de traverser une grande crise.

J'ai emprunté un parapluie à quelqu'un, à la bibliothèque.

CHARLOTTE

D'une voix étouffée.

Jerry revient.

PAPOUNET

Ah bon ? A la bibliothèque, un monsieur a eu la gentillesse de me prêter son parapluie. *(Il se dirige vers la bibliothèque, où il entreprend une vaine recherche des Saintes Ecritures.)* Quelqu'un a caché ma Bible.

CHARLOTTE

Deuxième étagère.

Il la trouve. Comme il la retire, plusieurs autres livres viennent avec elle et tombent par terre. Après avoir jeté un bref regard en direction de Charlotte, il les pousse du pied sous la bibliothèque. Puis, la Bible sous un bras, il se dirige vers l'escalier. Un objet brillant l'arrête à la première marche, qu'il essaie, sans y parvenir, de ramasser.

PAPOUNET

Hé, il y a un clou gros comme une pièce de dix *cents*.

Il monte. Lorsqu'il arrive à mi-chemin, on entend un bruit, comme s'il avait trébuché sur une déchirure du tapis, puis silence.

CHARLOTTE
Qui lève la tête.

Tout va bien, Papounet ? *(Pas de réponse. On entend Papounet reprendre sa montée.)* Si seulement je pouvais dormir jusqu'à six heures !

L'orage s'est éloigné. Le soleil se lève et ruisselle par la fenêtre, illuminant le tapis râpé de sa lumière. Dans la rue, on entend de nouveau le doux sifflement du facteur, vague et lointain.

CHARLOTTE
Levant les bras avec ravissement.

Le meilleur facteur du monde !

RIDEAU

TABLE

Les affaires de Monsieur le Public
par Charles Dantzig 7

Acte 1 17

Acte 2 99

Acte 3 191

Dans la collection Les Cahiers Rouges

(Dernières parutions)

Andreas-Salomé (Lou) *Friedrich Nietzsche à travers ses œuvres*

Audiberti (Jacques) *Les Enfants naturels ■ L'Opéra du monde*

Audoux (Marguerite) *Marie-Claire suivi de l'Atelier de Marie-Claire*

Augiéras (François) *L'Apprenti sorcier ■ Domme ou l'essai d'occupation ■ Un voyage au mont Athos ■ Le Voyage des morts*

Aymé (Marcel) *Vogue la galère*

Barbey d'Aurevilly (Jules) *Les Quarante médaillons de l'Académie*

Baudelaire (Charles) *Lettres inédites aux siens*

Bayon *Haut fonctionnaire*

Becker (Jurek) *Jakob le menteur*

Begley (Louis) *Une éducation polonaise*

Benda (Julien) *Tradition de l'existentialisme*

Berger (Yves) *Le Sud*

Berl (Emmanuel) *La France irréelle ■ Méditation sur un amour défunt*

Berl (Emmanuel), **Ormesson** (Jean d') *Tant que vous penserez à moi*

Bernard (Tristan) *Mots croisés*

Bibesco (Princesse) *Le Confesseur et les poètes*

Bodard (Lucien) *La Vallée des roses*

Bosquet (Alain) *Une mère russe*

Brenner (Jacques) *Les Petites filles de Courbelles*

Brincourt (André) *La Parole dérobée*

Bukowski (Charles) *Au sud de nulle part ■ Factotum ■ Souvenirs d'un pas grand-chose ■ Women*

Burgess (Anthony) *Pianistes*

Butor (Michel) *Le Génie du lieu*

Calet (Henri) *Contre l'oubli ■ Le Croquant indiscret*

Capote (Truman) *Prières exaucées*

Carossa (Hans) *Journal de guerre*

Cendrars (Blaise) *Hollywood, la mecque du cinéma*

Cézanne (Paul) *Correspondance*

Chamson (André) *Le Crime des justes*

Chardonne (Jacques) *Ce que je voulais vous dire aujourd'hui ■ Propos comme ça*

Charles-Roux (Edmonde) *Stèle pour un bâtard*

Chatwin (Bruce) *Les Jumeaux de Black Hill ■ Utz ■ Le Vice-roi de Ouidah*

Chessex (Jacques) *L'Ogre*

Clermont (Emile) *Amour promis*

Cocteau (Jean) *Essai de critique indirecte ■ La Machine infernale ■ Reines de la France*

Combescot (Pierre) *Les Filles du Calvaire*
Curtis (Jean-Louis) *La Chine m'inquiète*
Daudet (Léon) *Souvenirs littéraires*
Degas (Edgar) *Lettres*
Delteil (Joseph) *La Deltheillerie ■ Jeanne d'Arc ■ Jésus II ■ Lafayette*
Desbordes (Jean) *J'adore*
Dhôtel (André) *L'Île aux oiseaux de fer*
Donnay (Maurice) *Autour du chat noir*
Dumas (Alexandre) *Catherine Blum ■ Jacquot sans Oreilles*
Eco (Umberto) *La Guerre du faux*
Fallaci (Oriana) *Un homme*
Fernandez (Dominique) *Porporino ou les mystères de Naples*
Fernandez (Ramon) *Messages ■ Molière ou l'essence du génie comique ■ Proust*
Ferreira de Castro (A.) *La Mission ■ Terre froide*
Fitzgerald (Francis Scott) *Gatsby le Magnifique ■ Un légume*
Fouchet (Max-Pol) *La Rencontre de Santa Cruz*
Fourest (Georges) *La Négresse blonde suivie de Le Géranium Ovipare*
Freustié (Jean) *Le Droit d'aînesse ■ Proche est la mer*
Frisch (Max) *Stiller*
Galey (Matthieu) *Les Vitamines du vinaigre*
Gallois (Claire) *Une fille cousue de fil blanc*
García Márquez (Gabriel) *L'Automne du patriarche ■ Chronique d'une mort annoncée ■ Récit d'un naufragé*
Garnett (David) *La Femme changée en renard*
Gauguin (Paul) *Lettres à sa femme et à ses amis*
Genevoix (Maurice) *Raboliot*
Giono (Jean) *Colline ■ Jean le Bleu ■ Que ma joie demeure ■ Regain ■ Le Serpent d'étoiles ■ Un de Baumugnes ■ Les Vraies richesses*
Giraudoux (Jean) *Adorable Clio ■ Eglantine ■ Lectures pour une ombre ■ La Menteuse ■ Supplément au voyage de Cook*
Gordimer (Nadine) *Le Conservateur*
Guilbert (Yvette) *La Chanson de ma vie*
Guilloux (Louis) *Hyménée*
Gurgand (Jean-Noël) *Israéliennes*
Haedens (Kléber) *Magnolia-Jules/L'école des parents*
Halévy (Daniel) *Pays parisiens*
Hamsun (Knut) *Au pays des contes*
Herbart (Pierre) *Histoires confidentielles*
James (Henry) *Les Journaux*
Jardin (Pascal) *Guerre après guerre suivi de La guerre à neuf ans*
Jarry (Alfred) *Les Minutes de Sable mémorial*
Jouhandeau (Marcel) *Les Argonautes ■ Elise architecte*
Jullian (Philippe), **Minoret** (Bernard) *Les Morot-Chandonneur*
Jünger (Ernst) *Rivarol et autres essais*

Kafka (Franz) *Journal*
Kipling (Rudyard) *Souvenirs de France*
La Varende (Jean de) *Le Centaure de Dieu*
La Ville de Mirmont (Jean de) *L'Horizon chimérique*
Lanoux (Armand) *Maupassant, le Bel-Ami*
Laurent (Jacques) *Croire à Noël*
Lenotre (G.) *Napoléon – Croquis de l'épopée* ■ *Versailles au temps des rois*
Lowry (Malcolm) *Sous le volcan*
Maeterlinck (Maurice) *Le Trésor des humbles*
Mailer (Norman) *Les Armées de la nuit*
Maillet (Antonine) *Les Cordes-de-Bois* ■ *Pélagie-la-Charrette*
Malaparte (Curzio) *Technique du coup d'État*
Malerba (Luigi) *Saut de la mort* ■ *Le Serpent cannibale*
Mallea (Eduardo) *La Barque de glace*
Malraux (Clara) *...Et pourtant j'étais libre* ■ *Nos vingt ans*
Mann (Heinrich) *Le Sujet!*
Mann (Klaus) *La Danse pieuse* ■ *Mephisto* ■ *Symphonie pathetique* ■ *Le Volcan*
Mann (Thomas) *Les Maîtres*
Mauriac (Claude) *André Breton*
Mauriac (François) *Les Chemins de la mer* ■ *Le Mystère Frontenac* ■ *La Robe prétexte* ■ *Thérèse Desqueyroux*
Mauriac (Jean) *Mort du général de Gaulle*
Maurois (André) *Ariel ou la vie de Shelley* ■ *Le Cercle de famille* ■ *Choses nues* ■ *Don Juan ou la vie de Byron* ■ *René ou la vie de Chateaubriand* ■ *Les Silences du colonel Bramble* ■ *Tourguéniev* ■ *Voltaire*
Mistral (Frédéric) *Mireille/Mirèio*
Monnier (Thyde) *La Rue courte*
Moore (George) *Mémoires de ma vie morte*
Morand (Paul) *Rien que la terre* ■ *Rococo*
Mutis (Alvaro) *La Dernière escale du tramp steamer* ■ *Ilona vient avec la pluie* ■ *La Neige de l'Amiral*
Nadolny (Sten) *La Découverte de la lenteur*
Naipaul (V.S.) *Le Masseur mystique*
Némirovsky (Irène) *Les Mouches d'automne précédé de La Niania et Suivi de Naissance d'une révolution*
Nerval (Gérard de) *Poèmes d'Outre-Rhin*
Nicolson (Harold) *Journal 1936-1942*
Obaldia (René de) *Innocentines*
Peisson (Edouard) *Hans le marin* ■ *Le Pilote* ■ *Le Sel de la mer*
Penna (Sandro) *Poésies* ■ *Un peu de fièvre*
Peyré (Joseph) *Matterhorn*
Ponchon (Raoul) *La Muse au cabaret*
Poulaille (Henry) *Pain de soldat*
Privat (Bernard) *Au pied du mur*
Proulx (Annie) *Cartes postales* ■ *Nœuds et dénouement*

Radiguet (Raymond) *Le Diable au corps suivi de Le bal du comte d'Orgel*

Ramuz (Charles-Ferdinand) *Le Garçon savoyard* ■ *Jean-Luc persécuté* ■ *Joie dans le ciel*

Richaud (André de) *L'Amour fraternel* ■ *La Fontaine des lunatiques*

Rivoyre (Christine de) *Boy* ■ *Le Petit matin*

Rochefort (Christiane) *Archaos* ■ *Printemps au parking* ■ *Le Repos du guerrier*

Rodin (Auguste) *L'Art*

Rondeau (Daniel) *L'Enthousiasme*

Roth (Henry) *L'Or de la terre promise*

Rouart (Jean-Marie) *Ils ont choisi la nuit*

Sainte-Beuve *Mes chers amis...*

Sainte-Soline (Claire) *Le Dimanche des Rameaux*

Schneider (Peter) *Le Sauteur de mur*

Serge (Victor) *Les Derniers temps*

Silone (Ignazio) *Fontarama* ■ *Le Secret de Luc*

Soljenitsyne (Alexandre) *L'Erreur de l'Occident*

Soriano (Osvaldo) *Jamais plus de peine ni d'oubli* ■ *Je ne vous dis pas adieu...* ■ *Quartiers d'hiver*

Stéphane (Roger) *Chaque homme est lié au monde* ■ *Portrait de l'aventurier*

Teilhard de Chardin (Pierre) *Ecrits du temps de la guerre (1916-1919)* ■ *Genèse d'une pensée* ■ *Lettres de voyage*

Theroux (Paul) *La Chine à petite vapeur* ■ *Patagonie Express* ■ *Railway Bazaar* ■ *Voyage excentrique et ferroviaire autour du Royaume-Uni*

Vailland (Roger) *Bon pied bon œil* ■ *Le Regard froid* ■ *Un jeune homme seul*

Vasari (Giorgio) *Vies des artistes*

Vercors *Sylva*

Vitoux (Frédéric) *Bébert, le chat de Louis-Ferdinand Céline*

Vollard (Ambroise) *En écoutant Cézanne, Degas, Renoir*

Vonnegut (Kurt) *Galápagos*

Wassermann (Jakob) *Gaspard Hauser*

White (Kenneth) *Terre de diamant*

Whitman (Walt) *Feuilles d'herbe*

Wilde (Oscar) *Aristote à l'heure du thé*

Wolfromm (Jean-Didier) *Diane Lanster* ■ *La Leçon inaugurale*

Zola (Émile) *Germinal*

Zweig (Stefan) *Fouché* ■ *Marie Stuart* ■ *Marie-Antoinette* ■ *Souvenirs et rencontres* ■ *Un caprice de Bonaparte*

Cet ouvrage a été imprimé par

CPI
Firmin Didot

Mesnil-sur-l'Estrée

pour le compte des Éditions Grasset
en décembre 2009

Dépôt légal : janvier 2010
N° d'édition : 16029 – N° d'impression : 98096
Imprimé en France